westermann

AF648466

# ¿Qué pasa?

## Oberstufe

**Erarbeitet von**
Michaela Silvia Acuna, Ana Fernández Fernández,
Anne Jähnert, Kristina Kremer, Ina Riep, Stefan Valdés-Tittel,
Silvia Vega Ordóñez, Dr. Karen Velázquez Powers,
Barbara Vinnemann, Christine Weißert und Dr. Jennifer Wengler

**unter Mitwirkung der Redaktion**
Lidia Coria Sánchez, Sonia Escalona Esteban,
Vanessa Rother und Kristina de Vogüé

**Fachliche Beratung**
Björn Boos

¿Qué pasa?
Oberstufe



Druck A1 / Jahr 2023
Alle Drucke der Serie A sind im Unterricht parallel verwendbar.

Redaktion: Lidia Coria Sánchez, Sonia Escalona Esteban, Vanessa Rother, Kristina de Vogüé
Umschlaggestaltung: LIODesign GmbH, Braunschweig
Layout: Visuelle Lebensfreude, Hannover
Druck und Bindung: Westermann Druck GmbH, Georg-Westermann-Allee 66, 38104 Braunschweig

ISBN 978-3-14-**112672**-3

# Índice

# Índice

# Índice

# Índice

Bei manchen Aufgaben findest du **Webcodes**, die dich zu zusätzlichen Materialien führen (z. B. Audios und Videos). Gib dazu den Code auf **www.westermann.de** ins Suchfeld ein. Alternativ kannst du die **QR-Codes** aus dem Inhaltsverzeichnis scannen.

p. 276 Die Glühbirne verweist auf den **Methodenanhang** *Estrategias* im Buch. Auf der angegebenen Seite findest du Strategien, die dir beim Bearbeiten der Aufgabe helfen.

GR p. 259 Das GR-Symbol verweist auf den **Grammatikanhang** im Buch. Hier kannst du die Grammatik wiederholen, die du zum Bearbeiten der Aufgabe benötigst.

f Diese Übung ist **fakultativ**.

Dieses Symbol kennzeichnet Aufgaben zur **Medienbildung**.

comprensión lectora

**1** Lee el texto de la página 18 del libro y decide si las frases son verdaderas o falsas. Apunta también las líneas en las que encuentras la información en el texto.

| | v | f | líneas |
|---|---|---|---|
| **1.** Hoy en día los países están separados cultural y económicamente los unos de los otros. | | | |
| **2.** La brecha entre los países industrializados y los países subdesarrollados es cada vez más grande. | | | |
| **3.** Debido a la pandemia de la COVID-19, muchas personas en todo el mundo huyeron de su país de origen. | | | |
| **4.** Las catástrofes naturales son más frecuentes en Europa que antes. | | | |
| **5.** La extracción de recursos naturales no afecta a la vida de los indígenas. | | | |
| **6.** El trabajo infantil solo existe en el campo. | | | |

vocabulario

**2** Completa el texto con las palabras de la casilla.

el medio ambiente • globalizado • importados • inundaciones • se benefician • la extracción • calentamiento global • escasez de agua • inconvenientes • las materias primas

Vivimos en un mundo (1) __________. Esto tiene muchas ventajas, pero también (2) __________. Puedes comprar productos que son (3) __________ de países de todo el mundo. Pero mientras los países del Norte global (4) __________ de los precios bajos de (5) __________, los habitantes de países del Sur global sufren de (6) __________ de sus recursos naturales. En muchos lugares de América Latina el impacto en (7) __________ es grave. Además, el (8) __________ lleva a que la (9) __________, las (10) __________ y las sequías sean cada vez más frecuentes.

vocabulario

**3** Busca palabras y expresiones en el texto de la página 18 del libro que representen el tema de la globalización y escríbelas al lado del dibujo. Puedes añadir más elementos al dibujo.

*el transporte* __________

## Historias de migración

comprensión lectora

**1** a) Lee el cómic y describe la expresión de la cara de Sanza. ¿Por qué huyó a Marruecos? ¿Cuánto tiempo tardó en llegar?
b) Describe la última viñeta y explica el último bocadillo. ¿Por qué Sanza se siente encerrada?
c) Busca los lugares mencionados en el cómic en un mapa y muestra el trayecto de Sanza.
d) Busca más información sobre uno de estos temas y prepara una charla de tres minutos: la guerra en el Congo, el campo de refugiados en Goma, el pueblo de los tutsis, Melilla…

expresión oral

[1] **Goma** *ciudad en la República Democrática del Congo*
[2] **hacinado/a** zusammengepfercht
[3] **tutsis** *pueblo africano*
[4] **interhamues hutus** *grupo paramilitar de la etnia hutu*
[5] **la valla** der Zaun
[6] **el pedazo** *la parte*

**El país y la gente**

La **valla de Melilla** marca la frontera entre Marruecos y la ciudad española de Melilla en el continente africano. Su propósito es dificultar e impedir la entrada de migrantes africanos a la Unión Europea.

comprensión lectora

**2** **a)** Lee el texto y describe los motivos que llevan a los periodistas a dejar sus países de origen.
**b)** Expón en qué proyectos trabajan los periodistas presentados en el texto.
**c)** Explica por qué solo unos pocos periodistas logran trabajar en su profesión en España.

## Periodistas refugiados: historias desde el otro lado

*Por Azahara R. Pérez, Público, 21 de junio de 2021*

*Las personas forzadas a abandonar su país debido a su labor informativa generalmente dejan de ejercer[1] el periodismo en su país de acogida. Conocemos tres excepciones.*

Pasaron de ser narradores a protagonistas de la historia. Es lo que les ha sucedido a muchos periodistas obligados a dejar atrás su propio país por contar lo que en él sucede. "Es impactante[2]", así describe la periodista Anamaría González la salida de su país, Venezuela, donde tenía una agencia de comunicaciones. González no se exilió de forma planificada: "Estaba percibiendo[3] la cercanía del abordaje[4] violento y de cómo iba creciendo mi temor[5] en todos los espacios", relata. Un temor que califica de "paralizante" y que para un periodista es "grave". [...] "Fue un shock para mí tener que salir de mi país, donde no solo ejercí el periodismo, sino que trabajé en pro de la democracia".

La historia de González es una de las muchas que demuestran el peligro que sufre la libertad de información y la libertad de prensa en todo el mundo. También, una de las tres historias que han protagonizado la charla-debate "Periodismo y refugio: Seguir contando desde el otro lado", [...] en la que han participado los también periodistas refugiados Edgardo Pinell y Muhammed Subat.

Aunque lo califica como "un poco agridulce", Edgardo Pinell cree que contar su salida de Nicaragua "vale la pena, en el sentido de que otros conozcan la experiencia". Que no se entendiera la independencia de los medios de comunicación de la financiación pública del Gobierno fue lo que llevó a Pinell, [...] a verse obligado a salir de su país en el que dejó atrás todos sus proyectos y su vida para llegar a España. "Mi proyecto de vida no era este, por eso no es una decisión, es algo a lo que me vi forzado a hacer".

Similar experiencia tuvo Muhammed Subat, periodista sirio: "Salimos de Siria en 2018. Fue una salida forzada, no queríamos salir de Siria, pero al final nuestra vida corría peligro por motivo de nuestro trabajo", relata Subat, que trabajaba como periodista y fotógrafo en su país. Poner voz a lo que sucede en Siria conlleva[6], como explica Subat, salir de casa, pero no saber si vas a volver. "Es una vida muy peligrosa, pero tienes que hacer algo", añade.

### Una nueva etapa como periodistas

Reinventarse a pesar de las dificultades y la precariedad del periodismo en España es lo que intentan hacer estos tres periodistas. Subat, quien nunca se imaginó que fuera a continuar haciendo periodismo en España, ha creado junto a otros tres compañeros refugiados sirios la revista *Baynana*, el primer medio en árabe y español creado y gestionado[7] por personas refugiadas. Son muchas las personas que han dejado el periodismo y han buscado otro trabajo ante barreras como el idioma. "Queremos dar voz a lo que está pasando en Siria", reivindica[8] el periodista sirio. *Baynana*, cuyo nombre significa "entre nosotros" en árabe, está en la recta final de la campaña de crowdfunding para poder salir adelante.

Por otro lado, Anamaría Rodríguez trabaja en un medio de comunicación que lanzaron[9] a través de WhatsApp. Sigue trabajando con el servicio de información pública, que nació en 2017 para combatir los bulos[10] en Venezuela mediante medios con credibilidad y con periodistas reconocidos.

Con la ayuda de *Reporteros Sin Fronteras*, Edgardo Pinell investigó las diferencias técnicas y profesionales entre lo que hacía en Nicaragua y lo que se hace en España, pero eso no ha subsanado[11] la falta de oportunidades existentes en el ámbito del periodismo. "Todo ha sido un cambio drástico, pero uno tiene que seguir luchando [...] yo sigo creyendo en el sueño nicaragüense", admite.

"Nuestra preocupación fundamental es defender la libertad de prensa", explica Alfonso Armada, presidente de *Reporteros Sin Fronteras* (RSF) España, ya que, de no existir, los ciudadanos son los que sufren los abusos de diferentes autoridades como políticas o económicas. [...]

En la actualidad, no existen datos oficiales de cuántos periodistas refugiados hay en España, según Edith Rodríguez Cachera, vicepresidenta de RSF España. Rodriguez da una visión de cómo es la llegada de periodistas refugiados a España, explicando la existencia de un componente de alivio[12], pero matizando que la "subsistencia y la calidad de vida sigue estando en riesgo". En cuanto a la labor como periodistas, explica cómo "muy pocos periodistas en nuestro país son capaces de mantener el vínculo[13] con la profesión", lo que puede conllevar frustración, impotencia[14] y choque de expectativas.

---

1 **ejercer** ausüben
2 **impactante** einschlagend
3 **percibir** *darse cuenta*
4 **el abordaje** die Herangehensweise
5 **el temor** *el miedo*
6 **conllevar** mit sich bringen
7 **gestionar** führen
8 **reivindicar** *afirmar*
9 **lanzar** *publicar*
10 **el bulo** *la noticia falsa*
11 **subsanar** wiedergutmachen
12 **el alivio** die Erleichterung
13 **el vínculo** *la unión*
14 **la impotencia** die Machtlosigkeit

**3** Elige una actividad. A tu manera

1. Trabajad en grupos de tres. Cada uno/a inventa un personaje parecido a una de las tres personas presentadas en el texto y toma notas sobre su biografía y su situación. Después, reuníos en el grupo para hacer un juego de rol en el que cada uno/a representa su personaje. Hablad de vuestro pasado, vuestros motivos para salir del país, vuestra situación actual y de vuestras expectativas para el futuro.
2. ¿Qué os parece que los inmigrantes trabajen en sus propias profesiones en el país de acogida? ¿Qué problemas pueden tener? Hablad en parejas, tomad apuntes y presentad vuestros resultados en clase.
3. Escribe una carta al director en la que das tu opinión sobre las posibilidades de trabajar de los inmigrantes en su propia profesión en general y especialmente en el caso de los periodistas.
4. Informaos sobre la organización *Reporteros sin fronteras*, sus actividades en España y en Alemania y presentad la información en clase.

**4** a) En el texto de las páginas 22-23 del libro has conocido a Ida Carruido. Lee las frases siguientes en las que cuenta su historia y analiza el uso de los tiempos verbales. Marca los verbos en pretérito indefinido con un color y los verbos en imperfecto con otro. Explica por qué se usa el imperfecto o el indefinido en cada caso.

los tiempos verbales del pasado

GR p. 265

> Ejemplo:
> *Cuando mi novio y yo comenzamos a salir, yo le conté que no tenía papeles y que trabajaba todo el día…*
> *abgeschlossene Handlung, Hintergrundhandlung/Erklärung*

1. Gracias a una chica que conozco, me enteré de un trabajo con otras chicas latinas vendiendo productos de belleza en un centro comercial.

   ______________________________

2. Comencé a tener mucho miedo, incluso de preguntar a abogados porque creía que por no tener visado podían llamar a la policía y detenerme.

   ______________________________

3. También trabajé como monitora en un parque de niños y ese fue mi mejor trabajo porque ganaba ocho o diez euros a la hora.

   ______________________________

b) Completa las frases con los verbos en pretérito imperfecto o pretérito indefinido.

1. ______________ (entender, yo) que solo ______________ (poder) esperar y pedir un nuevo visado.
2. Al comienzo ______________ (tener) dudas porque no ______________ (querer) conseguir mis papeles de esa forma.
3. Yo ______________ (llegar) con visado de turista, pero todavía no ______________ (conocer) todo el proceso legal.
4. Una vez en España, ______________ (saber) que el visado de estudiante solo ______________ (ser) posible conseguirlo si ______________ (volver) a mi país.
5. Me ______________ (aceptar, ellos) en el máster, pero ______________ (costar) 6000 € al año y yo no ______________ (tener) tanto dinero.

## La canción para la película *Mediterráneo*

**1** a) Escucha la canción *Te espera el mar* de María José Llergo en internet y descríbela. ¿Qué instrumentos se usan, cómo es la voz de la cantante, cómo es el ritmo? ¿Qué impresión te causa?

p. 274

b) Explica la letra: ¿Quién es el yo lírico? ¿A quién/es se dirige? ¿Qué significan las diferentes frases del estribillo: *Llora el mar/ Te espera el mar*?

p. 275

c) Analiza los recursos estilísticos de la canción. En tu cuaderno, crea una tabla y rellénala con la cita de la letra, el recurso estilístico y explica su efecto.

| línea(s) | cita | recurso estilístico | efecto/interpretación |
|---|---|---|---|
| 1 | llora el mar | personificación | el mar parece humano, tiene sentimientos |
| 10 | Siento tu dolor como el mío | comparación | … |

d) Interpreta una de las partes del texto siguiente.

1. "Tan profundo es su llorar/ Que su llanto es mi cantar/ ahora es grito"
2. "Yo creo en la ley de los mares/ Donde nadie es ilegal/ Mientras que la ley de los hombres/ Sea más cruel que la del mar"
3. "Como una madre con sus niños/Ulises cruzó el mismo mar/ Es la Odisea de nuestro siglo/ Estas lágrimas de sal"

A tu manera

e) Elige una actividad.

1. Haz un dibujo o una viñeta para ilustrar una de estas partes del texto y presenta tu dibujo en clase.
2. Inventa una estrofa más para la canción y preséntala en clase.

### Te espera el mar
*Por María José Llergo*

Llora, y llora, y llora el mar
Mientras siente cruzar
A sus hijos

Tan profundo es su llorar
Que su llanto es mi cantar
Ahora es grito

Poderte agarrar de la mano
Que puedas seguir tu camino
Que sienta que estás a salvo
Siento tu dolor como el mío

Yo creo en la ley de los mares
Donde nadie es ilegal
Mientras que la ley de los hombres
Sea más cruel que la del mar

*estribillo:*
Te espera
Te espera el mar
Te espera
Te espera el mar

Como una madre con sus niños
Ulises cruzó el mismo mar
Es la Odisea de nuestro siglo
Estas lágrimas de sal

Respeto pa' los que murieron
Y pa' quien los supo salvar
Dejando escrito en la marea
Su sueño de libertad

*estribillo*

comprensión audiovisual

**2** Busca en internet el video oficial de la canción y míralo. Elige una de las imágenes de la película *Mediterráneo* que se muestran y explica por qué te afecta/emociona especialmente y cómo se relaciona con la letra de la canción.

El país y la gente

**María José Llergo** (Pozoblanco, Córdoba 1994) es una cantaora de flamenco española. Su primer album llamado *Sanación* fue publicado en el año 2020. Es además, una cantante concienciada y comprometida con causas sociales como la defensa del pueblo gitano, el feminismo o la denuncia de la crisis de refugiados en el Mediterráneo. En 2022 ganó el premio Goya a la Mejor Canción por su interpretación de *Te espera el mar*, que forma parte de la banda sonora de la película *Mediterráneo*.

## Los coches eléctricos

**1** a) Relaciona cada palabra de la columna izquierda con su traducción correspondiente de la columna derecha.

vocabulario

| | |
|---|---|
| **1.** amontonarse | **A.** das Kohlendioxid ($CO_2$) |
| **2.** el vertedero | **B.** die Blei-Säure |
| **3.** los iones de litio | **C.** die Lithiumionen |
| **4.** la celda | **D.** abbauen |
| **5.** el dióxido de carbono | **E.** sich anhäufen |
| **6.** el plomo-ácido | **F.** die Mülldeponie |
| **7.** el requisito | **G.** der Lieferant |
| **8.** degradar | **H.** wegwerfen |
| **9.** el proveedor | **I.** die Voraussetzung |
| **10.** desechar | **J.** die Zelle |

b) Lee el texto. ¿Por qué es tan importante que tengamos un sistema de reciclaje de baterías de coches? Nombra dos aspectos.

comprensión lectora

c) Explica por qué el reciclaje de baterías de coches eléctricos causa problemas. ¿Qué tipos de problemas se mencionan en el texto?

### ¿Qué hacer con los millones de baterías eléctricas que ya no funcionen?

*yahoo noticias, 23 de mayo de 2022*

Para 2030, la Unión Europea espera que haya 30 millones de coches eléctricos en las carreteras europeas. Aunque los coches eléctricos no emitan[1] dióxido de carbono durante su vida útil, le preocupa lo que ocurra cuando se agoten[2], en particular lo que ocurra con las baterías. Por eso, dentro de 10 o 15 años, cuando un gran número de ellas llegue al final de su vida útil, será muy importante que tengamos una industria de reciclaje.

Aunque la mayoría de los componentes de los vehículos eléctricos son muy parecidos a los de los coches convencionales, la gran diferencia es la batería. Mientras que las baterías tradicionales de plomo-ácido se reciclan ampliamente, no se puede decir lo mismo de las versiones de iones de litio utilizadas en los coches eléctricos.

Las baterías de los vehículos eléctricos son más grandes y pesadas que las de los coches normales y están formadas por varios cientos de celdas individuales de iones de litio, que deben desmontarse[3]. Contienen materiales peligrosos y tienen una incómoda tendencia a explotar si se desmontan de forma incorrecta.

Las baterías de los vehículos eléctricos pierden capacidad lentamente con el paso del tiempo [...]. A lo largo de muchos años, la autonomía puede reducirse notablemente. Las baterías de los vehículos eléctricos se pueden reparar y las celdas individuales de la batería se pueden sustituir si se estropean[4]. Pero existe el riesgo de que, tras muchos años de servicio y varios cientos de miles de kilómetros, haya que sustituir todo el paquete de baterías si se ha degradado demasiado. [...] ¿Pueden reciclarse fácilmente o están destinadas a amontonarse en los vertederos?

Las recientes propuestas de la Unión Europea obligarían a los proveedores de vehículos eléctricos a asegurarse de que sus productos no se desechan sin más al final de su vida útil, y los fabricantes ya están empezando a dar un paso adelante. [...]

Los gobiernos están avanzando hacia la exigencia[5] de algún nivel de reciclaje [e imponer normas]. Cumplirlas no será fácil. Las baterías difieren[6] mucho en cuanto a su química y construcción, lo que dificulta la creación de sistemas de reciclaje eficaces. Además, las celdas suelen estar unidas con pegamentos resistentes que dificultan su desmontaje. Esto ha contribuido a un obstáculo económico: para los fabricantes de baterías suele ser más barato comprar metales recién extraídos que utilizar materiales reciclados. Sin duda, esta tendencia debe cambiar. Por el bien del planeta.

[1] **emitir** ausstoßen
[2] **agotar** erschöpfen
[3] **desmontar** zerlegen
[4] **estropearse** sich verschlechtern
[5] **la exigencia** die Forderung
[6] **diferir** *ser diferente*

**2** a) Mira las formas marcadas en el texto. ¿Qué construcciones verbales son?
b) Transforma las frases en voz pasiva con *ser*.

expresarse de forma impersonal

GR p. 269

Ejemplo: *Mientras que las baterías tradicionales de plomo-ácido son recicladas ampliamente, no se puede decir lo mismo de las versiones de iones de litio utilizadas en los coches eléctricos.*

comprensión lectora

p. 272

**3** Lee el artículo siguiente y marca con una cruz las frases correctas.

**1.** En el desierto de Atacama, en Chile…
- [ ] **a** hay suficiente agua para los campesinos y para las compañías mineras.
- [ ] **b** hay cada vez menos agua para los campesinos.
- [ ] **c** está prohibido explotar el litio a causa de la escasez del agua.
- [ ] **d** no existen plantas ni animales que necesiten agua.

**2.** Para los habitantes de las aldeas en el desierto…
- [ ] **a** el agua no tiene importancia porque hay mucha.
- [ ] **b** el agua no es solo un recurso vital necesario sino también importante para su cultura.
- [ ] **c** el agua no tiene mucha importancia porque los jóvenes ya no se interesan por la agricultura.
- [ ] **d** nunca ha habido suficiente agua.

**3.** Chile se llama la "Arabia Saudita del Litio" porque…
- [ ] **a** tiene muchos desiertos y pocos recursos naturales.
- [ ] **b** allí vive la mayor comunidad árabe de América Latina.
- [ ] **c** sus reservas de litio se pueden comparar con las reservas de petroleo en Arabia Saudita.
- [ ] **d** vende mucho litio a los países árabes.

**4.** Las compañías mineras que extraen el litio en Atacama…
- [ ] **a** aseguran que trabajan de manera sostenible.
- [ ] **b** solo extraen agua salada y no usan agua dulce.
- [ ] **c** solo extraen agua de la superficie del desierto.
- [ ] **d** nunca hablan con las autoridades de las comunidades locales.

**5.** Según los habitantes de la zona…
- [ ] **a** los coches eléctricos son la única solución para salvar al planeta.
- [ ] **b** la escasez de agua solo se debe al cambio climático.
- [ ] **c** hay que respetar la tierra para poder salvarla.
- [ ] **d** la extracción del litio es la mejor manera de salvar al planeta.

## Chile: Explotación de litio deja sin agua a pobladores

*Por Sophia Boddenberg, Deutsche Welle (DW), 27 de enero de 2020*

La demanda del litio está aumentando en todo el mundo, pero la minería está provocando diversos conflictos. En los pueblos del desierto de Atacama en Chile, el agua para las personas y los campos es cada vez más escasa.

A primera vista, el desierto de Atacama de Chile parece un lugar estéril e inhóspito. A pesar de esto, la flora, la fauna y los habitantes de la zona han podido adaptarse bien a las condiciones de su entorno por muchas generaciones. Esto ahora está en duda debido a que los pueblos de la zona tienen un nuevo y poderoso competidor por los escasos recursos de agua del desierto: las compañías mineras.

### "El agua es vida"

Coyo es una de las doce aldeas[1] en los dispersos[2] oasis del desierto. Los miembros de la comunidad se turnan para sacar agua del río San Pedro. Tras dos semanas de espera, Hugo Díaz pudo finalmente irrigar[3] sus campos.

"Antes de que llegaran las mineras acá había mucha agua. La minería ha consumido las napas subterráneas[4], sacan agua de un río de otro sector también y no llega acá el agua que corresponde", dijo Díaz a DW.

Para los atacameños, el agua no solo tiene un valor material sino también cultural y espiritual. "Para nosotros como likan-antai (etnia atacameña) es muy importante el agua. No solamente el agua en relación a lo que es mantener nuestras costumbres mediante la agricultura, sino que también porque el agua es vida", explicó Vladimir Reyes, uno de los mayores de la comunidad de Coyo.

El agricultor enseñó las marcas en el canal de riego[5] que muestran los niveles de agua más altos en tiempos pasados. "Muy pocos campesinos pueden vivir de la agricultura. En la actualidad, los jóvenes han tratado de ir aprendiendo sobre la agricultura, pero se ven con el obstáculo de que el agua es cada vez menos. Ese es principal daño que nos están haciendo las empresas mineras", afirmó Reyes.

### La Arabia Saudita del litio

Chile tiene una de las mayores reservas de litio del mundo. Sus exportaciones cubren el 40 % de la demanda mundial de este valioso metal. Por eso se le

[1] **la aldea** *el pueblo*
[2] **disperso/a** zerstreut
[3] **irrigar** bewässern
[4] **la napa subterránea** das Grundwasser
[5] **el riego** die Bewässerung

llama la "Arabia Saudita del Litio". Además, se espera que la demanda global se triplique en los próximos seis años.
Para extraer el litio, el líquido bombeado se deja expuesto al sol del desierto hasta que se haya evaporado[6] el 95 % del agua. El litio se separa del residuo mediante un proceso químico y se convierte en los compuestos para las baterías recargables.

**2 mil litros por segundo**
Las dos compañías mineras que operan en Atacama, la chilena SQM y la estadounidense Albemarle, extraen cada año más de 63 mil millones de litros de agua salada de las capas[7] más profundas del desierto, es decir, casi 2 mil litros por segundo. Además, la industria consume una cantidad considerable de agua dulce.
Según los operadores de la mina, la extracción de agua salada del desierto no tiene ningún efecto en el suministro[8] de agua dulce de la zona. "La salmuera[9], rica en minerales, no es adecuada para el uso agrícola o como agua potable. Y estamos trabajando muy de cerca con las comunidades locales para asegurarnos de que estamos actuando de manera sostenible", dijo a DW Hailey Quinn, gerente[10] de comunicaciones de Albemarle. [...]

**"Los autos eléctricos no son la solución"**
Muchos de los habitantes de Atacama ven que el cambio climático está acelerando[11] la escasez de agua en el desierto. Pero también dicen que los problemas en la zona solo comenzaron con la minería del litio y del cobre.
"Nos vinieron a decir que la solución eran estos autos eléctricos, la salvación del mundo y todo, pero en realidad no es la salvación. La salvación es la conciencia de cada ser humano, que sepa respetar este territorio como lo respetamos nosotros. Si todos tomáramos conciencia de respeto hacia la tierra, no tendríamos que decir que los autos eléctricos van a salvar el planeta", dijo Jorge Álvarez Sandon, perteneciente a la comunidad de Coyo.

6 **evaporar** verdunsten
7 **la capa** die Schicht
8 **el suministro** die Versorgung
9 **la salmuera** die Sole, die Salzbrühe
10 **el/la gerente** der/die Geschäftsführer/in
11 **acelerar** beschleunigen

**4** a) La explotación del litio también conlleva problemas de escasez de agua para las comunidades de las zonas. Trabajad en grupos de cuatro. Dos de vosotros apuntáis la postura de los habitantes del pueblo y otros dos apuntáis la de la compañía.
b) Dividid vuestro grupo de cuatro en dos nuevas parejas y haced un juego de rol. En cada pareja hay un representante del pueblo y uno de la compañía. Cada pareja discute los diferentes puntos de vista e intenta llegar a un acuerdo.
c) Presentad vuestro juego de rol a vuestro grupo. Algunas parejas presentan su resultado en clase.

expresión oral

## Salvar el mundo

p. 277

**1** a) Mira la caricatura y descríbela.
b) ¿Qué (no) le importa mucho de la situación a la pareja? Haz suposiciones y toma notas.
c) Mira otra vez la expresión de la cara de la pareja. Inventa un diálogo entre el hombre y la mujer después del primer día de vacaciones. Puedes incluir sus expectativas e impresiones actuales.
d) Para ti ¿cómo sería el paraiso? Escribe un artículo para la revista de tu instituto de intercambio español.

expresión escrita

Fuente: Patrick Chappatte, 2018

mediación

p. 287

**2** Tu amigo peruano es un gran fanático del autor alemán Frank Schätzing. Le encantó el libro *El quinto día* y le gustaría leer el libro de Schätzing *Was, wenn wir einfach die Welt retten?*. Lamentablemente todavía no hay ninguna traducción al español y el lenguaje polémico le resulta difícil a tu amigo. Te pide tu ayuda para entenderlo mejor.
Lee el fragmento del libro y contesta a las preguntas de tu amigo peruano en un e-mail.

- Según el autor, ¿cuál es el verdadero problema del planeta y por qué?
- ¿Qué significa "raus aus dem fatalen Immer-mehr, das für viele ein Immer-weniger bedeutet"?
- ¿Qué significa "doch was gerade wirklich kein Mensch braucht, sind großkotzige ideologische Umbaupläne"?
- ¿Qué papel tiene el desarrollo tecnológico para resolver el problema de la crisis climática?

## Was, wenn wir einfach die Welt retten?

*Von Frank Schätzing*

Die meiste Zeit gestaltete der Planet unsere Zivilisation. Seit Anbruch des Industriezeitalters gestalten wir den Planeten. [...] Wir erkennen, was alles falsch läuft. Denken nach über Flugreisen, Mastbetriebe, häusliche Gewalt, Bildungssysteme, Dinge, die augenscheinlich wenig miteinander zu tun haben. Sehen die Welt in multiplen Nöten, und manche sehen sie enden. [...]

In so eine Welt kann man doch keine Kinder setzen! Sagen die, die in Sicherheit sind. Doch das Ende der Welt kommt und geht. [...]
Tatsächlich ist unsere größte Krise nicht ein Virus oder die Erderwärmung. Es ist unsere innere Krise. Der gefühlte Wegverlust. Gestaltungsmächtig geben wir uns dem Gefühl der Ohnmacht hin, Panik ist unser Normalzustand. In anderen Regionen der Welt, die von Armut, Bürgerkriegen und Naturkatastrophen geschüttelt werden, reden die Menschen von Aufbruch und Zusammenrücken. In Europa, im Westen, reden wir von Spaltung und Ende. Neu ist das alles nicht. Menschheitskrisen, naturgewollt oder hausgemacht, sind zu allen Zeiten über uns hereingebrochen. [...]
Allerdings scheint uns der Blick dafür abhandengekommen zu sein, wer oder was Menschheit überhaupt ist. Wir sortieren uns in Kategorien: Erstweltler, Drittweltler, Politiker, Unternehmer, Wissenschaftler und Militär, Staat und Aktivist, Randgruppe, Minderheit. Die Verantwortlichen sollen handeln. Was heißt das? Dass alle anderen nicht verantwortlich sind? Klimarettung ist ein Menschheitsprojekt, doch die Frage geht hin und her, wer die Kuh vom Eis zu kriegen hat. Jeder, sagen die einen, weil jeder durch sein Dasein zum Problem beitrage. Falsch, sagen die anderen, einzig die Politik könne den Strukturwandel herbeiführen, die Überwindung des fossilen Kapitalismus. Den Einzelnen in die Pflicht zu nehmen, sei kontraproduktiv, weil es die Verantwortlichen entlaste. Schön. [...]
Keine Frage, man muss diskutieren, doch was gerade wirklich kein Mensch braucht, sind großkotzige ideologische Umbaupläne, die uns das gemeinsame Ziel aus den Augen verlieren lassen: Eine lebenswertere Welt zu schaffen. Ja, wir brauchen eine Revolution. Eine Revolution der Zuversicht, die uns irgendwann abhandengekommen ist, des positiven Denkens. Raus aus der Mutlosigkeit, Unwissenheit, Ungerechtigkeit, raus aus dem fatalen Immer-mehr, das für viele ein Immer-weniger bedeutet. Wie wir das Neue dann nennen, können wir immer noch überlegen. Erst müssen wir das Bestehende ändern, und das geht nur gemeinsam, ungeachtet gefühlter Verantwortung. Das ständige Weiteradressieren, wer die Krise zu lösen hat – das ist unsere eigentliche Krise.

Das Problem ist gewaltig. Die Chance, es zu lösen, ist noch viel gewaltiger, und alle anderen Probleme gleich mit: Pandemien, Kriege, Kinderarbeit, Artensterben, Fortschrittsangst, Rassismus und Sexismus, Autokratie, religiöser Terror. Nie standen uns atemberaubendere Möglichkeiten zur Verfügung, nie solch immenser technologischer Fortschritt. Der Überlebenskampf des Einzelnen, der Sippe, der Horde, des jungen Staats war im Verlauf der 300 000 Jahre, die wir uns Homo sapiens nennen dürfen, durchweg härter als heute. Wir können uns glücklich schätzen, jetzt zu leben. Wir haben auch keinen Ideenstau, wir stecken nur im Umsetzungsstau. In einer Zeit, in der mehr geht denn je, erzählen wir einander, was nicht geht. Das ist lächerlich. Vielleicht sollten wir weniger Trübsal blasen und einfach lachend den Arsch hochkriegen, dem anderen auf die Schulter schlagen und sagen: Let's do it and have fun. Probleme zu lösen kann nämlich auch Spaß machen.
Gibt es ein Best-Case-Szenario? Ich weiß es nicht.
Lohnt es, dafür zu kämpfen? Unbedingt!

## Cambiamos el mundo

**1** a) Mira el título del rap y la foto, ¿de qué puede tratar? Recoged ideas en clase.

b) Escucha la canción en internet y describe su estilo. ¿Qué te parece la melodía? Comparte tu impresión con tu compañero/a.

c) Leed la letra de la canción y hablad en clase sobre el significado de las partes marcadas. ¿Estáis de acuerdo con las ideas? ¿Por qué (no)?

expresión oral

### DCRECE, el rap del decrecimiento

*Por DJ Sosa, MC Rico y MC Conta-mina González*

Decrece, decrece,
que el planeta perece
Yo creo que un esfuercito
por tu parte se merece
¡Es posible!
Vivir más despacito
No tengas tanta prisa
Tomate un cafelito (2x)
Habla con este
Habla con aquel
Vete y se lo cuentas
y te ahorras el papel
Pero vete caminando
Perderás un poco de peso
Quizás los objetivos
molen menos que el proceso (3x)

Decrece, decrece
que el planeta perece
Podríamos viajar menos
¿A ti qué te parece?
Tanto bajo coste
Oferta de fin de semana
Lo petamos de CO2
De Madrid hasta Punta Cana
Y si hablamos de autovías
Entonces ya ni te cuento
Está tol'[1] territorio
Alicatado[2] de cemento
No contéis con nosotros
para el próximo embarque
Y este veranito
A leer novelas en el parque (3x)

Decrece, decrece,
que el planeta perece
Come solo lo que por
aquí cerquita crece
Fresas en diciembre
Cómprate una mermelada
No ves que es un producto
fuera de su temporada
¿Pollos de la china?
¿Chirimoyas[3] israelitas?
Cultivalo cerquita
aunque seas urbanita
Móntate un grupo consumo
Buscaros agricultor
que no le eche pesticida
a su pequeña producción
Poco a poco iréis notando
ventajas a raudales[4]
De por fin poder quitarse
de los centros comerciales
Absteneos[5] de comprar
en los centros comerciales (2x)

Decrece, decrece,
que el planeta perece (3x)
Ecologistas en acción
Con menos para vivir mejor

[1] **tol'** *todo el*
[2] **alicatar** kacheln
[3] **la chirimoya** *fruta*
[4] **a raudales** in Hülle und Fülle
[5] **abstenerse de algo** auf etw. verzichten

**2** Da consejos para un consumo sostenible. Las siguientes oraciones te pueden ayudar.

el subjuntivo

GR p. 254

- Es importante/necesario que... *(pres. subj.)*
- Lo importante es que... *(pres. subj.)*
- Lo recomendable/aconsejable es que... *(pres. subj.)*
- Lo ideal es que... *(pres. subj.)*
- Lo recomendable sería que... *(imp. subj.)*
- Lo aconsejable sería que... *(imp. subj.)*
- Lo ideal sería que... *(imp. subj.)*
- Sería bueno que... *(imp. subj.)*

**3** a) En grupos de cuatro, buscad información en internet sobre los movimientos ecologistas como, por ejemplo, el movimiento del decrecimiento, el del *ZeroWaste* o los *Fridays For Future*. Preparad un cartel informativo sobre el movimiento elegido y sus objetivos e incluid también una evaluación crítica sobre el movimiento.

b) Presentad vuestros carteles y vuestra evaluación personal en una exposición en clase.

expresión oral

c) Después, cada persona elige un movimiento de otro grupo: Explica qué te parece el movimiento y justifica tu opinión.

## El trabajo infantil

comprensión auditiva
WES-112672-001
p. 276

**1** Escucha el audio en el que Willy habla del trabajo infantil en Lima y haz las tareas.

a) ¿Cuántos años tenía Willy cuando empezó a trabajar? Contesta a la pregunta.

______________________________________________

b) ¿En qué trabajó principalmente? Marca con una cruz la respuesta correcta.

- ☐ la limpieza de zapatos
- ☐ la limpieza de la escuela
- ☐ la limpieza de su hogar

c) ¿Cuándo trabajó Willy? Completa la frase.

Trabajó los ____________________ entre las ______________________.

d) ¿De qué necesidad suele surgir el trabajo infantil según Willy? Contesta a la pregunta.

______________________________________________

______________________________________________

e) ¿A qué otros trabajos tienen que dedicarse los niños según Willy? Nombra al menos dos.

______________________________________________

______________________________________________

expresión oral

**2** a) En grupos, describid las fotos siguientes y comparadlas. Cada alumno/a elige una foto. ¿Qué os llama la atención? ¿Qué semejanzas y diferencias hay?

b) Hablad en el grupo sobre las posibles situaciones familiares de los chicos y sobre sus posibles perspectivas para el futuro.

A

B

C

D

**3** a) Lee el artículo y resume en qué consisten los problemas con los que se tienen que enfrentar los niños y jóvenes trabajadores presentados.

b) Organizad un debate. Los participantes son niños o jóvenes que trabajan, padres afectados, trabajadores sociales de organizaciones de ayuda y políticos regionales. Para prepararos usad toda la información que encontráis en las tareas del libro y del cuaderno de actividades.

c) Después del debate reflexionad: ¿Cómo os habéis sentido en vuestro papel? ¿Qué opináis personalmente sobre el tema? Intercambiad vuestras ideas en clase.

comprensión lectora

p. 279

## Niños trabajadores de América Latina rechazan erradicar[1] el trabajo infantil

*El Colombiano, 3 de marzo de 2015*

Niños y adolescentes trabajadores de América Latina se mostraron este martes en contra de erradicar el trabajo infantil y a favor de mejorar sus condiciones laborales en el último día del foro *Movimiento Latinoamericano y del Caribe de Niños, Niñas y Adolescentes Trabajadores* (Molacnats).

Todos ellos, que se dedican a actividades remuneradas[2] en el campo, en el servicio doméstico, en mercados de abastos[3] o en las calles de sus respectivos países, forman parte de organizaciones que finalizaron este martes en la capital paraguaya su noveno encuentro regional, que dio comienzo el lunes.

«El trabajo es una forma de transformación física e intelectual. No es un problema, trabajar no está mal. Solo exigimos[4] que se haga en buenas condiciones», dijo Virginia Monjes, de 15 años y delegada de la Coordinación Nacional de Niños, Niñas y Adolescentes Trabajadores de Paraguay (Connats).

Monjes, que compagina desde los 10 años sus estudios con el trabajo en una peluquería, aseguró que esa actividad le ha ayudado a «ganar experiencias, sostenerse económicamente y tener metas y poder ver sus logros[5]».

Por su parte, para Fabricio Guerrero, ecuatoriano de 22 años que lleva trabajando desde los 6, la meta no es «promover el trabajo infantil», sino asegurar «que sea un trabajo digno[6] y no explotado».

«Un trabajo explotado es el que no respeta tu derecho a estudiar, no te deja recrearte, o en el que recibes maltrato verbal o físico. También cuando no te dan un salario justo por el esfuerzo que realizas o no tienes la misma paga que los adultos», declaró Guerrero.

Denunció además que algunos países latinoamericanos, como Ecuador, prohíben el trabajo infantil por debajo de los 15 años «porque lo meten en el mismo saco que la trata de personas».

Según Guerrero, Ecuador tiene como meta «erradicar el trabajo infantil en 2017», pero cree que «no lo va a conseguir porque un Gobierno no puede negar el derecho al trabajo de los niños".

También en Colombia se persigue[7] el trabajo infantil, según afirmó Santiago Ariza, colombiano de 13 años que desde los 8 vende dulces en la escuela donde estudia, pese a que está prohibido.

Admitió que en las calles colombianas es más difícil trabajar, dado que la policía puede detener[8] a los niños trabajadores y llevarlos al Instituto de Bienestar Familiar, donde son custodiados[9] mientras se interroga a sus padres sobre la situación.

Ariza recordó que empezó a trabajar para poder pagar sus propias cosas, sin depender tanto de sus padres, y «dar menos gastos en casa».

Por un motivo parecido tuvo su primer empleo Eddie Dávalos, un boliviano de 15 años que se dedica a la construcción de viviendas.

«Yo quería comprar mis propios materiales y ropa. Cuando trabajas aprendes a ser más responsable con las horas y con el dinero. Sabes cómo gastar tu dinero porque también sabes cómo es ganarlo», subrayó Dávalos, que confesó que gana 800 bolivianos (unos 115 dólares) al mes por su trabajo de cuatro horas diarias en la obra[10].

El joven consideró «un avance histórico» el nuevo código aprobado en 2014 en su país que, lejos de prohibir el trabajo infantil, establece una regulación sobre las edades mínimas para el trabajo por cuenta propia y ajena y la obligación de los empleadores de conceder[11] tiempo para el estudio.

Además del trabajo fuera del hogar, desde el Molacnats también reclaman que se valoren las tareas no remuneradas que niños y adolescentes realizan en sus propias casas, afirmó la paraguaya Montserrat Godoy, de 13 años, que trabaja en su domicilio.

Según datos de la Organización Internacional del Trabajo (OIT), de los 168 millones de niños y jóvenes que trabajan en todo el mundo, 13 millones se encuentran en América Latina (8,8% del total).

---

1 **erradicar** abschaffen
2 **remunerado/a** *pagado/a*
3 **el mercado de abastos** der Großmarkt
4 **exigir** fordern
5 **el logro** der Erfolg
6 **digno/a** würdig
7 **perseguir** verfolgen
8 **detener** festnehmen
9 **custodiado/a** beaufsichtigt
10 **la obra** die Baustelle
11 **conceder** bewilligen, zugestehen

## El *Big Bang*

comprensión lectora

p. 273

**1** Lee el texto y encuentra un título adecuado para cada párrafo.

**2** ¿Qué es el Ocaso? Describe el lugar dónde el/la escritor/a anónimo/a vive en el año 2020.

**3** a) ¿Qué puede haber pasado durante el *Big Bang*? ¿Por qué está prohibido salir al exterior ahora? Haz suposiciones.
b) En el diario encuentras esta frase: *"ahora tenemos la oportunidad de empezar de cero y de no volver a cometer los errores de nuestros antepasados"*. Relaciónala con los temas que ya habéis tratado en clase. Reflexiona sobre los errores a los que posiblemente se refiere.

expresión escrita

p. 285

**4** En otra entrada del diario está escrita la siguiente frase: "*PD: Echo de menos la imperfección del mundo.*" Escribe una entrada de diario desde el punto de vista del escritor/de la escritora en la que interpretas qué quiere decir.

### Electro

*Por Manuel Carbajo Bueno y Javier Ruescas*

*La novela trata del joven Ray que a sus 17 años sobrevive el "Big Bang". Después, el mundo ya no es el mismo y la humanidad está al borde del abismo[1]. Ray ha perdido su memoria aparentemente. Encuentra un diario personal de un autor anónimo que describe los acontecimientos y poco a poco le ayuda a entender lo que ha pasado.*

**3 de junio de 2020**

Cuando comencé a escribir estas páginas, tuve el presentimiento de que serviría para algo importante. Ahora estoy convencido. Pienso tomar nota de todo lo que ocurra aquí dentro. De cada detalle y conversación. No quiero olvidar ni un solo fragmento de información que me permita ayudar a construir esta segunda vida que se nos ha ofrecido. Somos supervivientes, y ahora tenemos la oportunidad de empezar de cero y de no volver a cometer los errores de nuestros antepasados. Aunque pueda sonar pretencioso[2], nosotros hemos sufrido el Big Bang de nuestra raza, y hemos salido indemnes. Alguna razón habrá.

Esta mañana nos han entregado a cada uno un kit de información que incluye un mapa del inmenso complejo, un listado telefónico con las extensiones[3] para comunicarnos entre las diferentes áreas y las normas básicas. Normas, reglas, leyes... No importa el nombre. Hay ciertas cosas que están prohibidas, como intentar salir al exterior, estar fuera de tu área entre la medianoche y las cinco de la mañana (sí, aquí también hay toque de queda[4]) o acceder a las zonas negras (sitios restringidos[5], vaya). Es evidente que son muchos los que sabían que todo esto iba a suceder. Y lo mejor de todo es que tengo que dar las gracias por encontrarme aquí.

Es imposible hacerse una idea de lo enorme que es el Ocaso sin verlo. Han construido una ciudad bajo tierra. El único sitio en el que podemos ver el sol es en la primera planta, en el gigantesco recibidor ajardinado[6], cubierto por una cúpula de cristal a través de la cual entra la luz. Natural. El complejo tiene forma cilíndrica[7] y está, excavado en la tierra un nivel tras otro, conectados entre sí por ascensores y escalera. Ni uno solo supera la línea de la superficie. Incluso las granjas y los huertos[8] para abastecer[9] a todo el complejo se encuentran en esa primera planta. A fin de cuentas, nos sigue haciendo falta el sol.

Debajo es donde vivimos nosotros.

El complejo está formado por veinticinco pisos. En los anillos[10] exteriores de cada uno de ellos se encuentran las viviendas. A lo largo de varios kilómetros de circunferencia, se distribuyen las miles de estancias que sirven de hogar a las afortunadas familias que escapamos del exterior. Según el número de integrantes que vivan en ellas, tienen una o varias habitaciones. Por lo demás, son todas idénticas y están equipadas con los mismos muebles blancos y grises. [...]

Hay un total de mil viviendas en cada piso, que se distribuyen en grupos de cincuenta casas por "vecindario". A medida que nos acercamos al centro de la planta, nos encontramos las zonas públicas de ocio, educación, sanidad, etc., que están repartidas por todo el interior del círculo. El núcleo es zona negra, así que no sabemos qué hay allí. En el mapa no viene señalada la circunferencia interior. Le he preguntado a mi padre y se ha limitado a responder con vaguedades. Los controles de seguridad, laboratorios, oficinas de registros..., esas cosas, dice.

Me pregunto cómo han podido construir semejante monstruosidad sin que nadie se entere. Conclusiones como esta son las que me hacen sentir diminuto[11] e insignificante. No sabemos nada. No nos cuentan nada. Sin embargo, eso va a dejar de ser así. Al menos para mí.

PD: Finalmente, el ser humano ha descubierto lo que es convertirse en una especie en peligro de extinción[12].

1 **el abismo** der Abgrund, die Hölle
2 **pretencioso/a** angeberisch
3 **la extensión** die Durchwahl
4 **la toque de queda** die Ausgangssperre
5 **restringido/a** begrenzt
6 **ajardinado/a** begrünt
7 **cilíndrico/a** zylindrisch
8 **el huerto** der Gemüsegarten
9 **abastecer** versorgen
10 **el anillo** der Ring
11 **diminuto/a** *muy pequeño/a*
12 **en peligro de extinción** vom Aussterben bedroht

**1** Lee el texto en la página 48 del libro. Después, da algunos ejemplos con la información que encuentras en el texto. — comprensión lectora

1. Las características de la generación Z:

______________________________

______________________________

2. Los diferentes modelos de familia:

______________________________

______________________________

3. Los problemas que tiene que enfrentar la generación:

______________________________

______________________________

4. Las consecuencias de las perspectivas inciertas del futuro:

______________________________

______________________________

**2** a) Relaciona los sustantivos (1-7) con los adjetivos (A-G) para crear nuevos significados. — vocabulario

| | |
|---|---|
| **1.** el ámbito | **A.** laboral |
| **2.** el conflicto | **B.** biológico |
| **3.** la salud | **C.** de género |
| **4.** la diversidad | **D.** familiar |
| **5.** el padre | **E.** temporal |
| **6.** la inestabilidad | **F.** generacional |
| **7.** el trabajo | **G.** mental |

b) Elige tres de las palabras de a) y escribe una definición o un ejemplo para explicarlas.

______________________________

______________________________

______________________________

**3** Completa la tabla con palabras de la misma familia y con palabras parecidas en otras lenguas. Utiliza un diccionario si lo necesitas. — vocabulario

p. 288

| sustantivo | verbo | adjetivo | otra lengua |
|---|---|---|---|
| *la experiencia* | | | |
| | *independizarse* | | |
| | | *digno/a* | |
| | | *infravalorado/a* | |
| *la esperanza* | | | |
| | | *diverso/a* | |
| | *crecer* | | |
| | *prevenir* | | |
| *la confianza* | | | |

## Taller: Analizar un artículo periodístico

comprensión lectora

**1** a) Lee el artículo *Habla la generación Z* (pp. 51-52 en el libro) y relaciona los nombres de los jóvenes con las opciones correctas.

| | |
|---|---|
| **1.** Vanessa Medina | **A.** Está en paro. |
| **2.** Sandra Torres | **B.** Quiere ser nutricionista. |
| **3.** Martí Odriozola | **C.** Le gustaría ser músico/a profesional. |
| **4.** Júlia Calvó | **D.** Quiere emigrar a EE. UU. |
| **5.** Laura Xiu | **E.** Es periodista. |

b) Corrige las frases de abajo con la información del texto en tu cuaderno, dando también las líneas en las que encuentras la información.

1. Según una encuesta, la minoría de la generación Z en España es pesimista.
2. Durante la pandemia muchas amistades han mejorado.
3. Los jóvenes sienten una gran curiosidad hacia la robotización en el trabajo.
4. Sandra Torres dice que su generación tiene la culpa de que los casos de COVID-19 subieran.
5. Martí Odriozola apoya las estrictas reglas del toque de queda.
6. Los jóvenes como Júlia Calvó se informan más en la televisión que en las redes sociales.
7. Los encuestados ven el futuro en diez años todo negro.
8. Laura Xiu está contenta de que su generación sea infravalorada.

comprensión lectora

**2** a) Lee el artículo *La fiesta de 15 en tiempos feministas* (p. 53 en el libro) y marca con una cruz las opciones correctas. Puede haber más de una respuesta correcta por pregunta.

1. En una fiesta de 15 típica, la quinceañera...
   - ☐ **a** lleva unos vaqueros y una camiseta deportivos.
   - ☐ **b** baila un vals.
   - ☐ **c** puede emocionarse.
   - ☐ **d** canta una canción folclórica para los invitados.

2. Ana...
   - ☐ **a** dice que su madre inventó el feminismo.
   - ☐ **b** organizó una fiesta gigantesca para su 15 cumpleaños.
   - ☐ **c** llevó un vestido negro como símbolo de protesta.
   - ☐ **d** participó en manifestaciones feministas.

3. La historiadora Saborío Carranza explica que...
   - ☐ **a** la fiesta de 15 muestra que las niñas ahora son adultas.
   - ☐ **b** los hombres inventaron la fiesta de 15.
   - ☐ **c** la fiesta de 15 es una celebración muy moderna.
   - ☐ **d** tradicionalmente la fiesta de 15 significa que las chicas pueden casarse y tener hijos pronto.

4. Paula dice que...
   - ☐ **a** quiere ser una princesa en su fiesta de 15.
   - ☐ **b** algunos chicos también quieren hacer una fiesta de 15.
   - ☐ **c** algunas niñas tienen que hacer su fiesta de 15 sí o sí.
   - ☐ **d** las quinceañeras tienen que llevar vestido y estar maquilladas.

5. Lucía...
   - ☐ **a** habla de la fiesta de su prima.
   - ☐ **b** llevó un vestido de gala a los 15 años.
   - ☐ **c** cumplió 15 años el mes pasado.
   - ☐ **d** critica las nuevas tradiciones.

b) ¿Cómo caracteriza la autora a las chicas? Elige adjetivos adecuados de la casilla y busca citas en el artículo para justificar tu elección.

tímidas • seguras de sí mismas • introvertidas • orgullosas • obedientes
emancipadas • sumisas • modernas • conformistas • rebeldes

## ¿Cómo son los jóvenes?

**1** Un amigo español te pregunta cómo se puede caracterizar a la generación de los jóvenes en Alemania hoy en día. Escríbele un e-mail y contesta a sus preguntas con ayuda de la siguiente entrevista.

mediación

p. 287

- ¿Qué diferencias hay dentro de la generación de los jóvenes?
- ¿Cómo es la relación entre los jóvenes y las generaciones mayores?
- ¿Cómo se presenta a los jóvenes en los medios de comunicación?

### „Die junge Generation ist so zerrissen wie nie“

*Interview von Stephan und Andreas Lebert, Die ZEIT, 26. November 2022*

Ältere Menschen sortieren jüngere gern gedanklich in Schubladen ein und kleben ein Etikett drauf: die 68er, die Babyboomer, Generation X, Y und Z, Generation Praktikum. Und heute? Wie geht es den jungen Menschen in Deutschland? Passen sie in eine Schublade? Ein Gespräch mit der Sozialforscherin Jutta Allmendinger.

ZEIT WISSEN: **Frau Professorin Allmendinger, wir möchten mit Ihnen über die Wut eines heute 20-jährigen Menschen in Deutschland sprechen. [...]**
ALLMENDINGER: Es gibt ihn nicht, den heute 20-Jährigen. Diese Vorstellung ist absurd. Die junge Generation in unserem Land ist in sich so ungleich, wie sie es noch nie nach dem Krieg war, finanziell wie in ihren Wertvorstellungen. Denken Sie nur an die dramatische Vermögensungleichheit. Einige Jugendliche erben qua Geburt Immobilien, Aktien und Geld, andere starten mit nichts, werden nie erben und haben keine Ahnung, wie sie ihr Leben in Krisenzeiten finanzieren sollen. [...]

**Wir wollen trotzdem noch einmal auf die Wut dieser Generation zu sprechen kommen, auf die Wut der Fridays-for-Future-Bewegung.**
Die jungen Frauen und Männer, die auf die Straße gehen, um für eine andere Politik im Kampf gegen den Klimawandel zu protestieren: Das sind oft Leute mit hohen Bildungsabschlüssen aus gut situierten Elternhäusern. Wir sollten uns davor hüten, dies auf die Jugend insgesamt hochzurechnen. Schaut man auf die Bundestagswahl 2021, zeigt sich, dass sich die Mehrheit der Wahlberechtigten über alle Altersgruppen hinweg nicht an Klima- oder Naturschutzinteressen orientiert hat.

**Fridays for Future ist keine Jugendbewegung [...]?**
Nein. Für 55 Prozent der 18- bis 29-Jährigen spielten bei der Bundestagswahl Klimathemen keine Rolle, bei den über 64-Jährigen lag dieser Anteil bei 60 Prozent. Fridays for Future ist eine Bewegung, ganz sicher, aber keine Jugendbewegung. [...]

**Unsere Welt ist in einem erbarmungswürdigen Zustand. Es wäre also verständlich, wenn die Jungen die Alten attackieren würden, mit dem Vorwurf: Ihr seid schuld, ihr habt es verkackt! [...]**
Das ist aber nicht so. Natürlich wird oft formuliert: „Ja, ihr habt uns eine kaputte Welt hinterlassen.“ Aber diese Kritik richtet sich nicht individualisiert gegen die eigenen Eltern. Im Gegenteil: Die jüngste Shell-Jugendstudie sagt eindeutig, dass die Kontakte zwischen den Generationen in den Familien immer besser werden. In der Studie Das Vermächtnis – Die Welt, die wir erleben wollen mit infas und der ZEIT haben wir das auch festgestellt: Es gibt eine heile Welt des kleinen Wirs von Familie und Freunden. Jung und Alt telefonieren häufig miteinander, treffen sich, selbst erwachsene Kinder fahren mit ihren Eltern in den Urlaub. Also, es herrscht das Gegenteil von einem Krieg der Generationen. [...] Hinzu kommt: Gerade in dem global und digital geführten Leben vieler junger Leute gibt es einen Verlust an festen, lange währenden Freundschaften – diese Lücke füllen immer engere Beziehungen zwischen Kindern und Eltern, als der große Stabilitätsanker.

**Wir Medien produzieren demnach ein falsches Gesamtbild, wenn wir die Jugend gleichsetzen mit den wütenden Kids, die sich aus Klimaprotest auf die Autobahn setzen und festkleben?**
Das ist ganz bestimmt so. Die Medien verallgemeinern zu sehr [...]. Das wird ganz klar, wenn ich mit Hauptschul- oder Realschulabgängern auf der einen und Hochschulabgängern auf der anderen Seite spreche. Die einen haben größte ökonomische Sorgen, die den anderen völlig unbekannt sind. Beide wollen sich repräsentiert fühlen und damit auch ein Stück anerkannt. [...]

**Nach einer aktuellen, repräsentativen Untersuchung der Hamburger Stiftung für Zukunftsfragen wollen 80 Prozent der 20- bis 25-Jährigen lieber in der Vergangenheit als in der Zukunft leben.**
Das ist die Sehnsucht nach einem Leben ohne die großen Krisen der Gegenwart. Eine naheliegende Reaktion, finde ich. [...]

**Sie sprechen von einer zerrissenen und gespaltenen Generation, für die Sie neue Hilfsstrukturen einfordern. Würden Sie zustimmen, wenn man [...] von einer „lost generation“ sprechen würde?**
Ich mag das Wort „lost“ nicht. Das klingt so endgültig. Als ob man daran nichts ändern könnte. Können wir aber. Wir müssen nur besser hinsehen. Viele Menschen leben in einer Art Anomie ...

**... womit die Soziologie den Zustand mangelnder sozialer Integration innerhalb eines sozialen Gebildes beschreibt.**
Es beschreibt das Gefühl, abgehängt und nicht anerkannt zu sein. Diese Menschen fühlen sich nicht wertgeschätzt, und sie werden es oft auch nicht.

## Jóvenes y el compromiso social

comprensión lectora

**1 a)** Lee el artículo y toma apuntes sobre los aspectos siguientes.

nombre y apellido: Jaime Gutiérrez ____________ edad: ____________

origen: ____________ partido político: ____________

educación: ____________

información sobre el pueblo: ____________

____________

metas como alcalde: ____________

____________

p. 275

WES-112672-002

**b)** Analiza cómo el autor retrata a Jaime Gutiérrez. Para ello, identifica los recursos lingüísticos marcados en el texto y completa la tabla que puedes descargar en este enlace.

### Jaime Gutiérrez, alcalde más joven de Castilla-La Mancha

*La Voz de Tomelloso, 27 de mayo de 2019*

Jaime Gutiérrez Gil se convertirá en el alcalde[1] más joven de Castilla La Mancha tras ganar las elecciones municipales en el pequeño municipio de la Sierra Norte de Guadalajara Arroyo de Fraguas con apenas 18 años, donde se ha presentado encabezando[2] la lista del PSOE. Gutiérrez cumplió los 18 años el pasado 8 de agosto y fue en las pasadas elecciones generales la primera vez que ha ejercido su derecho al voto. A partir del próximo 15 de junio se convertirá en el regidor de Arroyo de las Fraguas, el pueblo de su familia, gracias al apoyo de sus vecinos.

Asume[3] esta responsabilidad con "emoción y muchas ganas de trabajar" por su pueblo, ha señalado a Europa Press este joven de las Juventudes Socialistas, donde es secretario provincial de Economía y Empleo. "Estoy bastante emocionado, con ganas de empezar esta responsabilidad y creo que puedo sacar esto adelante", ha apuntado convencido y animado.

No vive en este pueblo pero suele ir con cierta frecuencia porque es de allí su madre y también pasan en él gran parte del año sus abuelos; pero según ha asegurado suele ir en vacaciones y fines de semana.

Además, ha señalado que se animó a presentar candidatura el pasado mes de marzo porque le hacía ilusión este reto.

Actualmente este joven estudia un doble grado en Derecho y Dirección de Empresas en la Universidad de Alcalá y vive en Azuqueca de Henares (Guadalajara), y tras conocer el resultado que le sitúa como alcalde, su intención pasa por compatibilizar[4] su responsabilidad con los estudios porque quiere darle prioridad al Ayuntamiento.

Apenas hay 29 personas censadas en este pueblecito situado en la zona despoblada de la provincia alcarreña pero ahí, Gutiérrez ha conseguido hacerse con el mayor número de apoyos para asumir este reto político que afronta con "ilusión y con ganas de trabajar". Para Gutiérrez, la problemática fundamental de su pueblo está en la despoblación, con un censo cada vez menor. Por ello, una de los retos cuando tome posesión como alcalde será el de trabajar para tratar de conseguir incentivos[5] y que se incrementen el empadronamiento[6].

Entre los incentivos baraja[7] rebajas fiscales, ofrecer leña[8] gratis, vivienda gratis a quien se haga cargo del bar. "Todos los beneficios irían para la familia". Sabe que los inviernos son duros, los veranos menos pero cree que esta puede ser una manera plausible para luchar frente a la despoblación teniendo en cuenta que, ahora, para las consultas médicas se tienen que desplazar unos 25 kilómetros hasta Cogolludo (Guadalajara), o para ir al colegio, hasta Jadraque, también en la provincia. Cree que su falta de experiencia se podrá suplir[9] con buenas ideas, con sus ganas de trabajar por el municipio y con el apoyo de los antiguos alcaldes y de la familia porque "se trata de sacar el pueblo adelante", ha dicho.

---

1 **el alcalde/la alcaldesa** der/die Bürgermeister/in
2 **encabezar** anführen
3 **asumir** übernehmen
4 **compatibilizar** vereinbaren
5 **el incentivo** der Anreiz
6 **incrementar el empadronamiento** *subir el número de habitantes*
7 **barajar** *considerar*
8 **la leña** das Brennholz
9 **suplir** ersetzen

**2** Para practicar el vocabulario de análisis, completa el texto con las expresiones adecuadas de la casilla. *vocabulario*

despertar • destacar • mediante • observar • registro • servirse de • subrayar

En general el autor (1) ________ de un (2) ________ relativamente neutral, lo que se puede (3) ________ en la mezcla de frases complejas y lenguaje del día a día. Esta estrategia (4) ________ su intención de (5) ________ el interés de su lector/a. Sin embargo, el autor (6) ________ también la actitud de Jaime Gutiérrez (7) ________ el discurso directo.

**3** Imagínate que en las próximas elecciones municipales te presentarás como candidato/a para ser alcalde/alcaldesa de tu pueblo o de tu ciudad. Redacta un discurso en el que convences a los habitantes sobre por qué deberían votar por ti y preséntalo en clase. *expresión oral*

**4** **a)** ¿Te has encontrado alguna vez en una situación en la que te sentías diferente de tu entorno o excluido/a? Describe esta situación y los sentimientos que provocó en ti. *expresión oral*
**b)** Busca el vídeo de la canción *Una niña* de Miss Raisa en internet y míralo. Describe el estilo de la música y tu primera impresión.
**c)** Lee la letra de la canción y divídela en diferentes párrafos. Identifica los temas centrales. *comprensión lectora*
**d)** Analiza las citas marcadas de la letra. Formula hipótesis de cuál es la intención de la rapera.
**e)** Escribe un comentario para una red social en el que te refieres a la canción. *expresión escrita*

p. 284

## Una niña
*Por Miss Raisa*

Es la historia de una niña que llevaba velo[1]
Era tímida, miedosa, siempre mirando el suelo
Siempre la molestaban por llevar ese pañuelo[2]
pero no contraatacaba
Para ella no era un duelo
Fue muy complicado poder salir adelante
Por todos los comentarios de esa gente igno-
rante
Fue bastante chocante para esa Niña brillante
saber
Que la juzgaban por no serles semejante[3]
Cada vez que la veían
Le decian: el velo en tu pais
Mirada que la desprecian[4]
Se callaba, les miraba, ojos que lloriqueaban[5]
Se aguantaba porque sabía que no era acepta-
da
Una vez pensó, si todos somos iguales
¿Por qué todavía hay gente con malos moda-
les?
Siguen con pensamientos antiguos medievales
Podrían actualizarse, ser un poco más reales
No sabía cuáles eran los problemas principales
Si ser inmigrante, llevar velo, los asuntos ra-
ciales, los rivales mundiales
Y le dio por ahogarse[6] en las letras musicales
Ella quiso enseñarles que podía superarles
Si se esforzaba un poco más podría aconsejar-
les
Tenía muchas cualidades para poder a cambiar
su visión
Y una gran lección darle al chaval[7].
Cada vez se volvía más fuerte
Ya no era corriente
Se enfrentaba a todos los que la insultaban
Les demostró que con esa actitud se equivocaban
Empezó a cambiar y a hacerse respetar
Frenando[8] a esa gente que la quiso destrozar
Todo sin violencia, inteligencia emocional
Por fin su objetivo, ya lo pudo lograr
En su barrio ya la reconocían como la buena
chavala en que todos confían
Le paraba los piés a quienes no la querían y
defendía a todos los que como ella se sentían
Poquito a poco ese miedo se fue yendo
La bestia que llevaba dentro estaba saliendo
Actitud, orgullo, en cada momento
Mirad cómo cambió la Niña, estad atentos.

Tic, tac, pasó el tiempo y todo cambió
Todo el mundo la quería, todo el mundo respetó
su velo, su religión y atentos a su opinión
Todos los prejuicios y el racismo terminó.

No te creas que las cosas siempre te irán bien
Habrá gente estúpida que querrá verte caer
Otras personas desean verte al 100 %
Lo más difícil es saber quién es quién.

Es mi historia y aún llevo velo
Ya no soy tímida ahora siempre miro al cielo
Me siguen molestando por llevar este pañuelo
Pero sí que me defiendo
A ver quién me gana este duelo.

[1] **el velo** das Kopftuch
[2] **el pañuelo** *aquí: el velo*
[3] **semejante** *similar*
[4] **despreciar** verachten
[5] **lloriquear** wimmern
[6] **ahogarse** *hier:* abtauchen
[7] **el/la chaval/a** *el/la chico/a*
[8] **frenar** stoppen

## La rapera Miss Raisa

*Miss Raisa: Porque me da la gana, Lunwerg Editores*

comprensión lectora

**1** Lee el artículo siguiente y resume la información biográfica sobre Miss Raisa.

**2** Analiza cómo la autora retrata a la artista y con qué recursos estilísticos lo logra.

expresión escrita

**3** Elige una actividad.

1. Discute cómo el trabajo de Miss Raisa puede influir en la convivencia social.
2. Redacta una carta al director y comenta el desarrollo personal de Miss Raisa.
3. Crea un pódcast sobre Miss Raisa en el que presentas a la artista y su obra. También puedes informarte más en su página web u otras fuentes en internet.

### La escalofriante[1] historia de Miss Raisa

*Por Idoia Ugarte, El País, 5 de noviembre de 2022*

*© Claudia Fernández-Arango*

La rapera catalana Miss Raisa, de origen tangerino[2] pero residente en España desde los ocho años, llevaba velo hasta hace unos meses. Consideraba que vestirse con un pañuelo combinado con gorras y otros accesorios era un acto íntimo que ejercía desde la libertad y que no tenía que ocultar; un reflejo de la diversidad que ensalza[3] en sus canciones, de su personalidad y de la religión musulmana inculcada por sus padres marroquíes desde un humilde piso en el barrio de La Barceloneta. Pero en verano sintió la necesidad de quitárselo porque no quería verse reducida a una prenda. De nuevo, justificó su decisión en la libertad de las mujeres a poder también desterrar el velo de sus vestuarios, revolución que ha prendido con fuerza en Irán a raíz de la muerte de Masha Amini. Las consecuencias no tardaron en llegar para Imane Raissali, cuyo nombre artístico es Miss Raisa: sufre acoso en redes sociales (en TikTok supera el medio millón de seguidores), lo que le ha conducido a pedir y recibir protección policial.

"Me amenazaron[4] con decapitarme[5] por quitarme el velo", afirma la cantante de 26 años. Sucede en un vídeo de siete minutos y medio de un chico joven que justificaba su asesinato a raíz de que ella hiciera público que se desprendía del hiyab[6] y que apoyaba al colectivo LGTBI. A pesar de que Miss Raisa está acostumbrada a convivir con cientos de insultos en redes, muchos de ellos provenientes de la comunidad musulmana que considera que la música es haram (pecado, en árabe), este episodio traspasó todos los límites. [...] "Estuve reuniéndome con un inspector y me ofrecieron incluso escolta. De hecho, hasta el día de hoy tengo una patrulla que está al lado de mi casa vigilando. También en los conciertos". [...]

A Miss Raisa la policía le recomendó que por seguridad rompiera con sus rutinas y que no llevara a su hija al colegio por el mismo camino. "Yo tampoco sé hasta qué punto es real la amenaza. A lo mejor me quieren hacer daño o a lo mejor solo se queda en palabras vacías, pero... ¿y si no? Y no solo fue ese vídeo, sino que había mucha gente que reafirmaba las palabras de ese tío y no sabías muy bien identificar quiénes eran. Llegaron a grabarme dentro del colegio de mi hija en una reunión del AMPA[7]. Eso fue terrible porque saben dónde está la debilidad de toda madre", declara la autora del libro *Pondré los colores*, que llegó con ocho años a Barcelona cuando su padre, pescador ya fallecido, consiguió el dinero suficiente para que la familia empezara una nueva vida en la Ciudad Condal[8]. [...]

La madre de Miss Raisa es analfabeta, no sabe leer ni escribir. En su época no pudo estudiar y ejerció de cuidadora para poder aportar algo de dinero en casa. La relación entre ambas no ha estado exenta de altibajos[9]. El último tuvo como escenario TikTok. Su madre, usuaria de esta red, vio los vídeos que insultaban a su hija por no llevar velo, una decisión que ella tampoco apoyaba. "Yo estoy más preparada psicológicamente para todo ese odio, pero ¿cómo lo gestiona[10] mi madre? Estuvo un mes sin hablarme. Hay cosas que no le gustan, pero le digo: 'No te estoy pidiendo permiso. Yo te informo porque te respeto y porque te quiero, pero tienes que aceptar que esta vida es mía", confiesa.

Uno de los objetivos de las letras de Miss Raisa es que las chicas inmigrantes que son parte de la cultura española, pero que no quieren renegar de sus raíces, no se sientan solas cuando se enfrenten al peso de las miradas por llevar pañuelo o al posible rechazo en una entrevista de trabajo. Pero durante este último año ha reflexionado en otra dirección: "¿Qué es lo que hace a Miss Raisa, las ideas o el velo? Siempre he huido de representar algo porque luego te encasillan[11] y no te permiten ser otra cosa, y yo no soy la chica del velo. Yo soy Raisa, artista, escritora, feminista, conferenciante, hago vídeos, soy madre y soy psicóloga".

---

1 **escalofriante** *increíble*
2 **tangerino/a** *de la ciudad Tánger*
3 **ensalzar** rühmen, preisen
4 **amenazar** bedrohen
5 **decapitar** enthaupten, köpfen
6 **el hiyab** *el velo islámico*
7 **AMPA** *Asociaciones de Madres y Padres de Alumnos* (Elternvertretung)
8 **Ciudad Condal** Barcelona
9 **no estar exenta de altibajos** *tener tiempos buenos y malos*
10 **gestionar** *hier:* verarbeiten
11 **encasillar a alg.** jmd. in eine Schublade stecken

## Convivencia familiar

**1** Describe y analiza el cartel. Puedes ayudarte con la definición que encuentras en la casilla.

expresión oral
p. 277

**Definición de la Real Academia Española**

**adolescencia**
Del lat. adolescentia.
*f.* Período de la vida humana que sigue a la niñez y precede a la juventud.

**poner a prueba a alg.** jdn. auf die Probe stellen
**dar la espalda a alg.** jdm. den Rücken zudrehen

**2** En el cartel se utiliza el futuro simple. Formula tus propias ideas en el futuro simple sobre tu generación como en el ejemplo. Puedes usar las expresiones siguientes: ser valiente, tener menos/más oportunidades que la generación anterior, enfrentarse a desafíos, superarse a sí mismo/a, salir adelante…

el futuro simple
GR p. 263

*Nuestra generación será valiente.*

**3** También se usa el subjuntivo como imperativo negativo. Formula más consejos para padres sobre cómo tratar a sus hijos/as. Puedes usar las expresiones siguientes: ignorar, infravalorar, subestimar, apartar la vista, burlarse de nosotros…

el imperativo negativo

*No nos ignores. / No nos ignoréis.*

**4** Haz tu propio cartel o graba un vídeo sobre los desafíos de la juventud.

comprensión audiovisual
WES-112672-002

p. 276

**5** RTVE, una emisora estatal de televisión de España, emite el programa *Gen Playz* para el público juvenil, en el cual varios invitados hablan sobre temas actuales de la sociedad.

Inés Hernand, la presentadora de *Gen Playz*

**a)** Mira del episodio *Familias diversas, familias reales* la escena con Clara Ortí, hija de una familia numerosa (minuto 2:29-3:36), y marca la opción correcta.

**1.** Clara es...
- ☐ **a** la pequeña de una familia de nueve hijos.
- ☐ **b** la pequeña de una familia de diez hijos.
- ☐ **c** la chica del medio en su familia.

**2.** Entre Clara y la hermana mayor...
- ☐ **a** hay 18 años de diferencia.
- ☐ **b** hay mucha competencia.
- ☐ **c** no hay mucha unión porque se llevan 18 años.

**3.** El tamaño de la familia provoca que la gente...
- ☐ **a** no haga ningún comentario porque hay muchas familias numerosas.
- ☐ **b** haga comentarios y burlas molestos.
- ☐ **c** haga bromas, pero sin mala intención.

**b)** Mira los minutos 15:53-17:11 y contesta a las preguntas.

**1.** ¿Qué es para Clara la familia?

______________________________________________

______________________________________________

**2.** ¿Qué es un dato curioso en la educación de los niños en la familia de Clara?

______________________________________________

______________________________________________

**3.** ¿Qué relación tiene con su hermana mayor?

______________________________________________

______________________________________________

**c)** Victoria Peña creció solamente con su madre que murió cuando tenía diez años y después vivió con su padre y madrastra. Mira los minutos 27:25-28:17 y completa las frases con las palabras que faltan.

"Mi superpoder es [...] el ponerme en (1) ______________ que no son la mía quizá. [...] Al final adquieres ese superpoder de en el (2) ______________ de qué ha podido pasar. Y eso hace, yo creo, entender mucho mejor (3) ______________ y cómo (4) ______________ en su día, y por qué ahora está (5) ______________ donde está, y también de (6) ______________ que al final tus padres siempre tienen la mejor (7) ______________ en su mente."

**d)** Mira los minutos 46:38-47:30 y completa las frases.

**1.** Cuando Victoria se mudó a casa de su padre y su mujer ______________.

**2.** Hoy en día Victoria se siente ______________.

## Padres e hijos

**1** a) Lee el texto *Querido hijo: estás despedido* (p. 62 del libro) y decide si las frases son verdaderas o falsas. Apunta también las líneas en las que encuentras la información en el texto. — comprensión lectora

| | v | f | líneas |
|---|---|---|---|
| **1.** Miguel es un chico desordenado y mal organizado. | | | |
| **2.** Su madre le grita a su hijo y le echa la bronca. | | | |
| **3.** La madre le da una carta a Miguel. | | | |
| **4.** La madre está de buen humor cuando está en la habitación de su hijo. | | | |
| **5.** Miguel se sorprende y está inseguro cuando abre la carta. | | | |

b) Relaciona las expresiones de la carta (1-6) con los sinónimos (A-F). — vocabulario

1. "Me veo en la triste obligación..." *(l. 72)*
2. "será efectivo en el plazo de treinta días a partir de hoy" *(ll. 73-74)*
3. disponer de algo *(ll. 76-77)*
4. "mis deberes como madre quedarán por completo exentos de toda obligación" *(ll. 81-83)*
5. "puesto que mis derechos han sido vulnerados y vapuleados alevosamente con anterioridad" *(ll. 88-90)*
6. "para que conste a todos los efectos" *(l. 92)*

**A.** Ya no tendré que hacer las tareas de una madre.
**B.** Va a ser realidad en un mes.
**C.** Porque no me has escuchado y me has criticado.
**D.** No me gusta, pero tengo que...
**E.** Ahora está escrito en este documento.
**F.** utilizar o recibir algo

**2** En grupos de cinco personas, practicad la escena y presentadla en clase: — expresión oral
Persona A es el narrador/la narradora y lee el texto en voz alta concentrándose en la entonación. Personas B y C leen los roles de Miguel y su madre María en los diálogos en voz alta concentrándose en los sentimientos. Personas D y E realizan los roles de Miguel y su madre concentrándose en el lenguaje corporal (la mímica, los gestos), no hablan.

**3** Imagínate que después del incidente Miguel busca apoyo y habla con su mejor amigo. Formula sus consejos utilizando el condicional. Empieza así: Yo que tú/Yo en tu lugar/Si fuera tú... — el condicional GR p. 253

hablar con tu padre • ordenar la habitación • responderle en una carta personal • quejarse • pedirle perdón a tu madre • prometer un comportamiento mejor • ....

**4** Termina las frases para juzgar el comportamiento de la madre y su hijo. Utiliza el subjuntivo de presente o imperfecto en la frase subordinada. — el subjuntivo GR p. 252

| | | |
|---|---|---|
| Me escandaliza que... | Es increíble que... | Me pone muy triste que... |
| Es inaceptable que... | No puede ser que... | Me da rabia que... |

**5** Redacta otra carta en la que la madre propone otra solución para el problema. Usa un tono más informal. p. 282

## Los jóvenes que desean independizarse

expresión oral

p. 277

**1** a) Trabajad en parejas. Elige una viñeta y descríbela a tu compañero/a.
b) Analizad la intención del caricaturista y con qué recursos la transmite.
c) Relacionad las viñetas con lo que habéis aprendido en las páginas 68-73 del libro.

comprensión lectora

**2** Lee el artículo *José Ramón persigue la vida de sus padres* (pp. 70-71 en el libro) y contesta a las preguntas.

1. ¿Qué sabes sobre el origen y la educación de José Ramón?

______________________________

______________________________

2. ¿Por qué no aceptó el empleo de la empresa Deloitte en 2019?

______________________________

______________________________

3. ¿Por qué piensa en emigrar?

______________________________

______________________________

4. ¿Qué aprendes sobre la educación y el trabajo del padre de José Ramón?

______________________________

______________________________

5. ¿Qué experimentó Juani, la madre de José Ramón, cuando tenía 16 y 17 años?

______________________________

______________________________

6. Según la madre, ¿qué privilegios tienen sus hijos?

______________________________

______________________________

7. ¿Qué prevé José Ramón para su futuro?

______________________________

______________________________

# Jóvenes construyendo el futuro

**1** a) Mira el primer vídeo sobre un programa para jóvenes del Gobierno de México. Marca con una cruz a quién/es se refieren las siguientes frases. Ojo, las frases están desordenadas.

comprensión audiovisual
**WES-112672-002**
p. 276

| | Ricardo Molina | Daniel Robledo | Ricardo Gassef |
|---|---|---|---|
| **1.** Quiere crear su propia marca. | | | |
| **2.** Estudió Artes Visuales, pero no terminó la carrera. | | | |
| **3.** Empezó a hacer máscaras y esculturas con su padre. | | | |
| **4.** Antes de trabajar en el taller buscaba cualquier tipo de trabajo. | | | |
| **5.** Está orgulloso de representar al estado y las tradiciones a través del arte. | | | |
| **6.** Gracias al programa aprendió las diferentes técnicas de la escultura en madera. | | | |
| **7.** Pensaba en cerrar el taller porque le faltaban aprendices y encargos durante la pandemia. | | | |
| **8.** Le encanta el trabajo creativo y expresarse con diferentes materiales. | | | |

b) Mira el segundo vídeo del programa *Jóvenes construyendo el futuro*. Describe las muñecas y a Rosa, la chica que las hace. Explica por qué a Rosa le gusta su trabajo, qué dice sobre su experiencia laboral siendo indígena y qué planes tiene para el futuro.

**2** Después de repasar los temas del capítulo del libro y del cuaderno, preparad un debate para una emisión de radio con el tema *Los jóvenes podemos crear un futuro mejor*. Dividid la clase en varios grupos y repartid algunos de los roles siguientes entre los/las alumnos/as. Si no habéis tratado todos los materiales o habéis trabajado con más temas en clase, podéis suprimir a algunos roles o añadir otros.

expresión oral
p. 279

| | | | |
|---|---|---|---|
| **Un/a presentador/a** Prepara preguntas para los invitados y estructura la discusión | **Mateo Salvatto**, un creador argentino de una aplicación inclusiva (libro pp. 56-57) | **José Ramón Trillo**, un jóven académico que quiere independizarse (libro pp. 70-71) | **Martí Odriozola**, un joven español de la generación Z (libro pp. 51-52) |
| **P.**, un joven argentino que tiene dos padres (libro p. 59) | **Mar Reinés**, una española que tiene un bar de tapas en Berlín (libro pp. 72-73) | **Ana**, una joven argentina que critica la tradición de la fiesta de 15 (libro p. 53) | **Milagros**, una estudiante que consiguió una beca en Harvard (libro pp. 66-67) |
| **Miss Raisa**, una rapera española y musulmana (cuaderno p. 26) | **Jaime Gutiérrez**, un alcalde español de 18 años (cuaderno p. 24) | ... | ... |

**3** ¿Qué harías tú para crear un mundo mejor? ¿Qué necesitarías? ¿Qué pedirías? ¿Cómo podrías contribuir?

a) Crea un mapa mental con diferentes temas: la igualdad de género, el medio ambiente, la educación, la paz entre los países, la inflación/crisis financiera, la digitalización, la vida familiar... Puedes inspirarte en los materiales a lo largo del capítulo.

b) Para el proyecto *Creamos un mundo mejor* en tu colegio de intercambio graba un audio o un vídeo de tres minutos con tus ideas contestando a las preguntas del número 2.

**Así se dice**

Para crear un mundo mejor, me gustaría...
Para un futuro mejor sueño con...
Para construir una vida mejor, podría...
Es importante que + *subjuntivo o infinitivo*
Es imprescindible que + *subjuntivo o infinitivo*
Es necesario que + *subjuntivo o infinitivo*
Pido que... / Necesitamos que... + *subjuntivo*

p. 290

vocabulario

**1** Relaciona los sustantivos con su definición correspondiente escribiendo las letras en las casillas. Consulta un diccionario si es necesario.

| 1 | 2 | 3 | 4 | 5 | 6 | 7 | 8 | 9 | 10 |
|---|---|---|---|---|---|---|---|---|---|
| B | | | | | | | | | |

1. Los medios de comunicación...
2. El periódico...
3. El teléfono móvil...
4. La radio...
5. La era digital...
6. Las redes sociales...
7. La alfabetización digital...
8. El contenido viral...
9. Las noticias falsas...
10. La publicidad...

**A.** es el período de la historia de la humanidad caracterizado por la presencia de las Tecnologías de la Información y la Comunicación (TIC).
**B.** son sistemas de información y plataformas (digitales) donde las personas se comunican entre ellas y propagan contenido.
**C.** es un tipo de comunicación audiovisual con el objetivo de promocionar productos o servicios.
**D.** es un medio de comunicación masivo que transmite información a través de ondas electromagnéticas.
**E.** es un aparato portátil que está conectado a una red y con el que puedes hablar con otras personas marcando su número.
**F.** es aquel que se comparte mucho y llega a una gran audiencia.
**G.** es un diario impreso donde podemos leer las noticias.
**H.** son contenidos erróneos que se difunden con el fin de engañar o manipular.
**I.** son plataformas digitales donde las personas se comunican entre sí y comparten contenido (imágenes, vídeos, enlaces, etc.).
**J.** es un conjunto de habilidades necesarias para desenvolverse en el mundo de las nuevas tecnologías.

los tiempos verbales del pasado

GR p. 265

**2** Completa el texto con los verbos en pretérito indefinido o pretérito imperfecto.

La imprenta (1) ________ (ser) uno de los inventos más relevantes en la historia, ya que (2) ________ (significar) un cambio histórico, cultural e intelectual para la humanidad, y (3) ________ (suponer) un paso hacia la Edad Moderna y el Renacimiento. Aunque en el año 400 años a. C. los romanos ya (4) ________ (usar) moldes de arcilla y los chinos en el siglo XI (5) ________ (utilizar) piezas de porcelana para hacer reproducciones, no son ellos sino el alemán Johannes Gutenberg quien es considerado el inventor de la imprenta moderna.

Gutenberg (6) ________ (nacer) en Alemania en el siglo XV y (7) ________ (dedicar) muchos años a inventar una imprenta con tipos móviles para cada letra del abecedario.

Gutenberg (8) ________ (demostrar) que una imprenta con tipos móviles (9) ________ (poder) realizar impresiones más rápido que copiando a mano.

La imprenta (10) ________ (extenderse) rápidamente por toda Europa y (11) ________ (tener) una gran aceptación en Italia.

Este invento (12) ________ (permitir) expandir la cultura por ciudades y regiones de todo el mundo.

## El consumo tecnológico

**1** Mira la viñeta y resuelve las tareas. Tienes ayuda en el taller *Trabajar con viñetas* en las páginas 78 y 79 del libro.

*Fuente: Rubén Rial (cankente), 2013*

**a)** Describe la imagen.

p. 277

**b)** ¿Cuál es el mensaje central de la imagen? Elige una opción.

- ☐ **a** Las redes sociales nos permiten comunicarnos en lugares muy ruidosos como los bares.
- ☐ **b** La manera de comunicarnos y de relacionarnos ha empeorado con las nuevas tecnologías.
- ☐ **c** Es importante llevar el teléfono móvil siempre contigo.

**c)** Discute el impacto de la revolución tecnológica en la comunicación.

expresión escrita

**2** **a)** Documenta tu consumo tecnológico durante una semana. Anota en el calendario cuánto tiempo al día dedicas a las redes sociales, páginas web de entretenimiento, series y películas, videojuegos, etc.

| *LUNES* | *MARTES* | *MIERCOLES* |
|---|---|---|
| *JUEVES* | *VIERNES* | *SABADO* / *DOMINGO* |

**b)** Plasma tus resultados en el diagrama circular. Colorea cada sector y escribe su significado en la leyenda.

☐ ______

☐ ______

☐ ______

☐ ______

☐ ______

☐ ______

**c)** Reflexiona sobre tu consumo tecnológico: ¿te esperabas estos resultados? ¿hay aspectos que te hayan sorprendido? ¿estás contento/a con tu consumo tecnológico o te gustaría modificarlo?

expresión oral

**d)** Compara tus resultados con los de tu compañero/a. ¿Qué tenéis en común? ¿Qué es diferente?

## Las noticias falsas

**1** a) Vuelve a leer *Las noticias falsas siempre han existido* y completa el crucigrama con palabras del texto (pp. 84-85 del libro). Las líneas te ayudan a encontrar las palabras. vocabulario

**verticales:**
1. líneas 33-51: diferenciar, distinguir *(verbo)*
4. líneas 80-91: conjunto de ciudadanos/as de un pueblo o nación *(sustantivo)*
5. líneas 61-79: persona que tiene ideas opuestas a las propias *(sustantivo)*
8. líneas 61-79: antónimo de "mentira" *(sustantivo)*

**horizontales:**
2. líneas 17-32: transmitir algo por la televisión o la radio *(verbo)*
3. líneas 1-16: sinónimo de "evento" *(sustantivo)*
6. líneas 1-16: sinónimo de "noticia falsa" *(sustantivo)*
7. líneas 80-91: persona que se dedica profesionalmente al periodismo *(sustantivo)*
9. líneas 61-79: plataforma digital donde se comunican usuarios/as de todo el mundo *(sustantivo)*
10. líneas 17-32: hacerse famoso rápidamente debido a la acción de las redes sociales *(verbo)*

b) Completa la tabla para ampliar tu vocabulario. Si necesitas ayuda, utiliza un diccionario monolingüe. vocabulario

p. 288

| sustantivo | verbo | adjetivo / participio |
|---|---|---|
| | *informar* | |
| | | *verificado/a* |
| *la popularización* | | |
| | *circular* | |
| | | *existente* |
| *el simpatizante* | | / |
| | *beneficiar* | |
| | | *perjudicial* |
| *el contraste* | | |
| | *expandirse* | |

## ¿Qué haríais si...?

actividad lúdica

las frases condicionales irreales

GR p. 267

**1** **a)** ¿Qué haríais en estas situaciones? Váis a repasar las frases condicionales irreales en grupos de 3-4 personas. Cada jugador/a necesita una ficha. Tira el dado y formula una frase. Por cada verbo conjugado correctamente, recibes un punto. Gana quien consiga más puntos en cinco turnos.

Ejemplo: *Si **leyera/leyese** una noticia falsa, <u>buscaría</u> información y <u>comprobaría</u> las fuentes.*

El idioma

[verbo en **imperfecto de subjuntivo**] + [verbo en <u>condicional simple</u>]
frase subordinada — frase principal

SALIDA → perder el móvil → leer una noticia falsa → sufrir ciberacoso → encontrar un móvil en el transporte público

→ ser víctima de un ataque cibernético → conocer a una persona interesante por internet → olvidar tu contraseña de correo electrónico → trabajar en una empresa de tecnología punta

→ encontrar un virus informático en el ordenador → quedarse sin batería del móvil fuera de casa → haber un corte de luz en el barrio → crear contenido viral

→ mudarse muy lejos de tus amigos/as → tener una casa inteligente → volverse famoso/a en redes sociales → olvidar el teléfono móvil en casa

**b)** Inventa otras tres situaciones y pregunta a tu compañero/a qué haría/n él/ella, su familia, su mejor amigo/a, sus padres o vuestra generación. Formula frases completas con sus respuestas.

Ejemplo: *Situación: no tener cobertura en el tren*
*Pregunta para el/la compañero/a: ¿Qué <u>harías</u> si no **tuvieras** cobertura en el tren?*
*Respuesta del compañero/de la compañera: Si no **tuviera** cobertura en el tren, <u>leería</u> un libro.*

Situación 1: ______________________________

______________________________

Situación 2: ______________________________

______________________________

Situación 3: ______________________________

______________________________

## La *darknet*

**1** a) Lee el texto y describe qué es la *darknet* y cómo se accede a ella.
b) Analiza los distintos usos que los usuarios pueden hacer de la *darknet*.
c) Comenta si la *darknet* tiene un impacto negativo o positivo para la sociedad.

comprensión lectora

p. 272

### *Darknet*: qué es y cómo se accede a ella

*Red Seguridad.com, 26 de abril de 2021*

La *darknet*, también conocida como red oscura[1], forma parte de la *Deep web*, que son páginas web y servicios a los que no se puede acceder a través de los motores de búsqueda tradicionales (Google, Bing, [...]). La *darknet* está formada por un conjunto de sitio ocultos[2] a los que se accede a través de navegadores específicos, como puede ser Tor. De esta forma, los usuarios no solo pueden llegar a las web de la red oscura sino que también pueden mantener una navegación anónima y privada, pues dichos navegadores utilizan diferentes servidores proxy para que su IP sea difícil de rastrear[3].

Es por esto último por lo que la *darknet* es cobijo[4] de muchos delincuentes que utilizan la Red para ofrecer servicios criminales y lleva a cabo otras actividades ilegales [...]. La parte negativa de estas páginas y su entorno es que los ciberdelincuentes se mueven con total anonimato permitiendo así realizar más ciberataques.

Sin embargo, no todo es negativo en este entorno. El hecho de que los navegadores empleados para acceder a la red oscura permitan una navegación privada hace posible acceder a sitios totalmente legales en países donde existe la censura. O facilita, simplemente, una navegación anónima para que el usuario que lo desee pueda preservar[5] su privacidad.

Dentro de la *darknet* podemos encontrar, entre otras cosas: servicios financieros y comerciales, servicios de correo electrónico y mensajería, páginas de activismo político, blogs, webs de venta de productos o servicios criminales.

[1] **oscuro/a** dunkel
[2] **oculto/a** versteckt
[3] **rastrear** *seguir*
[4] **el cobijo** der Schutzraum
[5] **preservar** schützen

**2** a) En grupos, explicad los términos de la casilla. Si necesitáis ayuda, consultad internet.
b) Elegid uno de los riesgos de a) y tomad notas sobre cómo podéis protegeros de él.
c) Vuestro colegio de intercambio en España va a organizar una campaña de seguridad informática. Elaborad una infografía o un cartel para la campaña con vuestras propuestas y presentadla en clase.

el virus (informático) • el espionaje • el *phishing*
la suplantación de identidad • el *software* malicioso

expresión oral

## El futuro

**1** a) Imagina cómo será la vida en 50 años en cuanto a la tecnología y escribe tus previsiones para el futuro. Presta atención a los tiempos verbales.

el futuro simple

GR p. 263

Ejemplo: *En 50 años tendremos coches voladores.*

expresión oral

**b)** Compara tus previsiones con las de tu compañero/a. Hablad en parejas.
- ¿Cuáles tenéis en común?
- ¿Cuáles pueden tener consecuencias beneficiosas o perjudiciales para la humanidad?
- ¿Qué desafíos pueden suponer estos escenarios futuros?
- ¿Qué previsiones tienen más probabilidad de ocurrir?

comprensión audiovisual
**WES-112672-003**

p. 276

**2** Mira el vídeo *¿Los robots nos reemplazarán?* y resuelve las tareas.

**1.** ¿En qué se basa la inteligencia artificial? Nombra dos aspectos *(minutos 1:28 - 1:52)*.

______________________________

______________________________

**2.** Escribe cuatro ejemplos de tareas que antes realizaban las personas y ahora pueden realizar los robots *(minutos 1:53 - 2:27)*.

______________________________

______________________________

______________________________

**3.** ¿Qué pueden hacer las personas para ser irremplazables? Enumera tres aspectos *(minutos 4:01 - 5:35)*.

______________________________

______________________________

## Un campeón de videojuegos

mediación

**1** Tu amiga Marie tiene un pódcast mensual sobre videojuegos y ella ha invitado a Thiago Lapp, un argentino que quedó entre los cinco mejores del Mundial de *Fortnite* en 2019. Como Marie no habla español y su invitado no habla alemán, ella te pide que participes en el episodio para traducir las preguntas y las respuestas. Recuerda que no tienes que traducir palabra por palabra, sino las ideas clave de cada intervención.

MARIE: Herzlich willkommen zur neuen Folge meines Podcasts, die heute den Titel *Wer ist Thiago King Lapp?* trägt. Thiago, ich freue mich, dich zu begrüßen. Kannst du dich bitte kurz vorstellen?

TÚ: ______________________________

______________________________

THIAGO LAPP: Muchas gracias por invitarme. Soy de Tigre, Argentina. Tengo 16 años y me encantan los videojuegos.

TÚ: ______________________________

______________________________

______________________________

MARIE: Was meine Zuhörenden natürlich am meisten interessiert – und mich auch: Wie viel Geld kann man mit *Fortnite* verdienen?

TÚ: ______________________________

______________________________

THIAGO LAPP: Ya había asegurado 50 mil dólares solo por participar en la competencia, logré con mi repertorio la suma de 900 mil dólares en el primer Mundial de *Fortnite* con nada más que 13 años.

TÚ: ____________________

____________________

____________________

MARIE: Wow ... das ist ja ... krass. Und wie kommt man eigentlich dazu ein eSports-Star zu werden?

TÚ: ____________________

____________________

THIAGO LAPP: Mi historia como jugador profesional de *Fortnite* se remonta a comienzos del 2019.
La primera etapa clasificatoria duraba 10 semanas en total. Tuve que enfrentarme a miles de jugadores en internet para conseguir mi pase a la final, con torneos que repartían 1 millón de dólares en premios. Pero en la séptima semana logré alcanzar el ansiado segundo puesto en el servidor de Brasil, en el modo solitario, con lo cual conseguí el acceso al Mundial de Nueva York.

TÚ: ____________________

____________________

____________________

____________________

____________________

MARIE: Es ist üblich, dass mir meine Fans über ihre Social-Media-Kanäle Fragen an die Gäste schicken und einige dieser Beiträge nehme ich immer in die Interviews mit auf. Hier kommen sie:
Wie schaut denn dein „Arbeitstag" aus? Machst du irgendwelche speziellen Diäten? Oder gibt es andere Vorbereitungen, die du triffst?

TÚ: ____________________

____________________

____________________

____________________

THIAGO LAPP: Le dedico a perfeccionar mis habilidades unas seis u ocho horas al día frente a la pantalla. Además, voy al colegio por la mañana y a veces tengo taller o gimnasia hasta la tarde. En el futuro me gustaría dedicarme a los *eSports*.

TÚ: ____________________

____________________

____________________

____________________

MARIE: Das war es schon für das heutige Interview. Vielen Dank, dass du dir die Zeit genommen und uns einen Einblick in dein aufregendes Leben gegeben hast. Ich wünsche dir viel Erfolg bei deiner weiteren Karriere!

TÚ: ____________________

____________________

## Trabajar con el vocabulario de los textos

vocabulario

p. 288

**1** **a)** Lee otra vez los textos en las páginas 93-94 del libro. Explica qué significan estas expresiones.

**1.** "residía bajo un puente en condiciones insalubres" *(texto 1, l. 3)*: ______

**2.** "ha podido darle un giro a su vida" *(texto 1, ll. 3-4)*: ______

**3.** "A raíz de la agresión de Polina Cold" *(texto 2, l. 1)*: ______

**4.** "26 000 mujeres que empezaron a recuperar la memoria del dolor" *(texto 2, ll. 9-11)*: ______

______

**5.** "les gusta escabullirse en un contenido hasta lograr su comprensión" *(texto 3, ll. 18-19)*: ______

______

**b)** Busca en los textos sinónimos para las siguientes palabras.

**1.** texto 1: la suerte = la f ___ ___ ___ ___ ___ ___

**2.** texto 2: abstenerse de hablar = ___ ___ l l ___ ___

**3.** texto 2: hacer público, delatar = d ___ n ___ ___ ___ ___ ___ ___

**4.** texto 3: conseguir = ___ ___ g ___ ___ ___

**5.** texto 3: relajado/a, tranquilo/a = ___ ___ x ___/___

**c)** Relaciona cada verbo (1-5) con su elemento correspondiente (A-E).

| | |
|---|---|
| **1.** matricularse | **A.** a los responsables |
| **2.** ofrecer | **B.** aptitudes |
| **3.** celebrar | **C.** en un curso |
| **4.** señalar | **D.** un trabajo a alguien |
| **5.** desarrollar | **E.** una buena noticia |

**d)** Forma una frase con cada expresión de c).

vocabulario

**2** **a)** Vuelve a leer *Las apps para aprender idiomas, ¿dan resultado?* en las páginas 95 y 96 del libro. Encuentra en el texto un sinónimo para las siguientes palabras.

| | |
|---|---|
| **1.** la lengua = ______ *(línea 1)* | **4.** divertida = ______ *(línea 38)* |
| **2.** avanzar = ______ *(línea 7)* | **5.** la habilidad = ______ *(línea 43)* |
| **3.** la transmisión = ______ *(línea 8)* | **6.** importante = ______ *(línea 82)* |

**b)** Relaciona los verbos con su correspondiente sustantivo. Escribe las locuciones resultantes.

| | |
|---|---|
| **1.** participar en | **A.** tiempo |
| **2.** permanecer | **B.** los conocimientos |
| **3.** superar | **C.** un idioma |
| **4.** disponer de | **D.** en contacto |
| **5.** desempeñar | **E.** una conversación |
| **6.** preservar | **F.** un rol fundamental |
| **7.** disfrutar de | **G.** una prueba |

______

______

## Una sociedad guiada por *likes*

**1** Lee el extracto de la novela *Like.azul* y enumera las ventajas y las desventajas que el sistema de *likes* tiene para la población.

**2** Analiza la actitud del narrador/de la narradora hacia el sistema de *likes*.

**3** Opina si un sistema de *likes* como el que presenta el texto puede ser beneficioso o perjudicial para la sociedad.

comprensión lectora

p. 273

expresión escrita

### *Like.* Azul

*Por Gemma Pasqual i Escrivà*

*En un mundo distópico donde la naturaleza ha desaparecido, todo es artificial: el aire, la comida, las relaciones personales... Tu posición en la sociedad depende del número de likes que poseas. Para conseguirlos debes ser un buen ciudadano, cumplir con todas las reglas y sugerencias, adorar al gran líder Magnus y, sobre todo, ser popular y simpático. No hay libros, no hay música, nadie se cuestiona nada, nadie se mira a los ojos y solo existen dos colores: el azul y el blanco.*

A Kas le dio un vuelco el corazón[1], se quedó mirando otra vez a Robbie, que la observaba desde debajo de la cama, y lo volvió a amenazar con el destornillador[2]; se había equivocado de ropa. Ahora tenía un dilema: si se cambiaba, llegaba tarde al tren [...] y significaba llegar tarde al Estudio, y eso le costaría unos cuantos *likes*; y, si no se cambiaba, le costaría menos *likes*, pero sería la friki[3] de clase.
Los *likes* otorgaban[4] una puntuación a cada uno de los ciudadanos en función de sus hábitos cívicos[5], sociales, de consumo, amistades y cumplimiento de los deberes económicos. Así mismo, la ciudadanía también tenía el privilegio de dar *likes* a sus vecinos, un hecho que en la práctica solo podían hacer los acomodados[6]; la gente humilde los necesitaba para subsistir[7]. Una parte restringida[8] de la población podía restar[9] *likes*, los llamados *unlikes*; esto solo estaba reservado para las familias de clase alta.
El número de *likes* y los seguidores en las redes sociales marcaban la posición de los ciudadanos en la escala social, de forma que aquellos con un crédito[10] alto tenían derecho a un trato preferente de la Administración. Los *likes* y los seguidores en las redes sociales marcaban el estatus social. En cambio, aquellos con un número bajo de *likes* se enfrentaban a la imposibilidad incluso de acceder a determinados puestos de trabajo o de vivir en determinadas zonas, tenían restringida la matrícula[11] de sus hijos en algunas escuelas y el acceso a lugares de ocio[12], la velocidad de Internet más lenta, les podían eliminar el derecho a viajar libremente, así como acceder a becas, tarifas reducidas o ayudas.
Este sistema era posible gracias a la combinación de diversas tecnologías como el *big data*, el reconocimiento facial y la monitorización[13] de Internet, ayudados por las cámaras de vigilancia con inteligencia artificial, instaladas en todas partes. La armonía y la paz social únicamente se conseguía si todos los ciudadanos se comportaban de una manera apropiada. El sistema de *likes* instaurado[14] por Magnus no solo creaba confianza entre los ciudadanos y una cultura de la sinceridad, honestidad e integridad, sino también una cómoda sensación de bienestar que liberaba endorfinas, aumentaba la actividad cerebral y, en definitiva, generaba placer[15]. Un placer diferente de los otros placeres cotidianos; no solo provocaba satisfacción y alimentaba el ego, sino que también hacía saber al ciudadano que era aceptado en el grupo al cual pertenecía.
Para Kas, los *likes* eran importantes, pero tenía una capacidad innata[16] para perderlos. Miró la hora, había estado demasiado tiempo cavilando[17]; tenía que salir disparada hacia el tren [...] si no quería pagar las consecuencias con *likes*.
Al entrar en el Centro de Estudio, todo el mundo observaba las pantallas señalando a Kas como si fuera un esperpento[18], le hacían fotos, la grababan... En un tiempo récord incluso le habían creado un meme que pronto se hizo viral. Ella caminaba digna por los pasillos fingiendo que no pasaba nada.
—¿Cómo vas vestida? —le preguntó Nicole, su mejor amiga, mirando su rein, su reloj inteligente. [...]
—No preguntes —respondió Kas sin dejar de mirar su rein. Era de mala educación mirarse a la cara; se comunicaban observándose en las pantallas. [...]
Y de golpe vio cómo le desaparecían 10 *likes*, la penalización por no llevar la ropa del tercer día de la semana; alguien debía de haber informado: ser un buen ciudadano y vigilar[19] el orden de todas las cosas también hacía ganar *likes*.

[1] **darle un vuelco el corazón** das Herz rutscht jdm. in die Hose
[2] **el destornillador** der Schraubenzieher
[3] **el/la friki** *(col.)* der Freak
[4] **otorgar** *dar*
[5] **cívico/a** (zivil)gesellschaftlich
[6] **acomodado/a** *rico/a, adinerado/a*
[7] **subsistir** *sobrevivir*
[8] **restringido/a** *limitado/a*
[9] **restar** *quitar*
[10] **el crédito** *hier:* das Guthaben
[11] **la matrícula** die Anmeldung
[12] **el ocio** die Freizeit
[13] **la monitorización** die Überwachung
[14] **instaurar** *establecer, crear*
[15] **el placer** das Vergnügen, das Gefallen
[16] **innato/a** angeboren
[17] **cavilar** *pensar*
[18] **el esperpento** *una persona rara*
[19] **vigilar** überwachen

comprensión lectora

**1** Lee el texto de la página 100 del libro y marca las ocho respuestas correctas.

**1.** La antigua capital de Tenochtitlan fue construida...
- ☐ **a** imitando a las grandes ciudades europeas.
- ☐ **b** sobre un lago.
- ☐ **c** a principios del siglo XVI.

**2.** La Piedra del Sol fue...
- ☐ **a** enterrada años más tarde para evitar la mala suerte.
- ☐ **b** estudiada por Alexander von Humboldt.
- ☐ **c** removida de la plaza Mayor de Tenochtitlan por los conquistadores.

**3.** El Día de Muertos es una festividad mexicana...
- ☐ **a** para pensar en los familiares y amigos difuntos.
- ☐ **b** que se celebra en primavera.
- ☐ **c** que se conoce en todo el mundo.

**4.** La Catrina es una figura que fue creada...
- ☐ **a** por Diego Rivera y José Guadalupe Posada.
- ☐ **b** el Día de Muertos en 1912.
- ☐ **c** por José Guadalupe Posada bajo otro nombre.

**5.** Yalitza Aparicio es la primera actriz indígena...
- ☐ **a** que ganó un Óscar.
- ☐ **b** que fue nominada a los Óscar.
- ☐ **c** que fue invitada a los Óscar.

**6.** La frontera entre México y EE. UU...
- ☐ **a** solo se puede cruzar atravesando el Río Grande.
- ☐ **b** es la frontera por la que más personas pasan al día en todo el mundo.
- ☐ **c** es la frontera más larga de todo el mundo.

vocabulario

p. 288

**2** **a)** ¿Cuáles son las terminaciones típicas de sustantivos, verbos y adjetivos en español?
**b)** Rellena la tabla con palabras de los textos de la página 100 del libro y complétala luego con la ayuda de un diccionario monolingüe. A veces hay más de una solución posible.

| sustantivo | verbo | adjetivo |
|---|---|---|
| *la tormenta* | | |
| | | *enterrado/a* |
| | *representar* | |
| | | *alegre* |
| | *enriquecerse* | |
| *los conquistadores* | | |
| | *influenciar* | |
| *la nominación* | | |
| | *reconocer* | |

comprensión lectora

**3** Escribe cinco preguntas con los datos del texto de la página 100 del libro y apunta también las soluciones. Después tu compañero/a tiene que responderlas.

## De la conquista hasta la independencia

comprensión lectora

**1** **a)** Mucho antes de la fundación de Tenochtitlan ya existía la ciudad prehispánica Teotihuacan. Lee el texto de la página siguiente y elige el título adecuado para cada párrafo. Escríbelos en las líneas.

Las atracciones principales del centro arqueológico | Quedan aún muchos misterios por revelar | ¿Cómo surgió esta ciudad prehispánica? | Una gran metrópolis con mucha influencia

## Teotihuacan

*Por Pat Binder & Dr. Gerhard Haupt, Universes in Universe, 24 de diciembre de 2022*

Teotihuacan es uno de los centros arqueológicos más impresionantes del mundo. La ciudad de las pirámides estuvo habitada desde el año 100 a. C. hasta el 650 d. C. aproximadamente. Está ubicada en un amplio valle del centro de México a unos 2300 metros de altura, la misma altura que la ciudad de México, que solo queda a unos 50 km de distancia. Si bien Teotihuacan está siendo investigada científicamente desde hace más de un siglo, solo un 5 % de las ruinas ha sido excavado[1] hasta hoy.

Hasta su misterioso fin en el siglo VII, acompañado de un incendio[2] devastador, Teotihuacan fue un poderoso centro político, militar, económico y cultural que influenció a toda Mesoamérica. Durante su apogeo[3], más de 150 000 habitantes vivieron en un área de unos 20 kilómetros cuadrados, siendo Teotihuacan una de las mayores metrópolis del mundo de aquella época.

Aún se desconoce con exactitud quiénes fueron sus habitantes y las razones por las que la abandonaron alrededor del año 650 d. C. Ni siquiera se tiene conocimiento de su denominación original. Cuando los aztecas llegaron desde el norte al altiplano central de México en la primera mitad del siglo XIV, descubrieron la ciudad en ruinas y le dieron el nombre de Teotihuacan, o "el lugar en el que fueron creados los dioses", relacionándola con su propia mitología de creación. También los nombres "Pirámide del Sol" y "Pirámide de la Luna", así como la "Calzada[4] de los Muertos", son atribuidos a los aztecas. […]

Las pirámides más importantes son la Pirámide del Sol, de 63 metros de altura, con un largo lateral[5] de 225 metros y la Pirámide de la Luna, de 40 metros de altura en el límite norte de la Calzada de los Muertos, de 2 km de largo. En el extremo sur del predio[6], del cual solo fue excavada e investigada una parte, domina el Templo de la Serpiente Emplumada[7], Quetzalcoatl y del Dios de la Lluvia, Tlaloc, decorado con 365 cabezas de estos dioses.

A
La Pirámide del Sol

B
La Pirámide de la Luna

C
El Templo de Quetzalcóatl, también conocido como el Templo de la Serpiente Emplumada

[1] **excavar** ausgraben
[2] **el incendio** der Brand, das Feuer
[3] **el apogeo** der Gipfel, der Höhepunkt
[4] **la calzada** *la carretera*
[5] **el lateral** die Längsseite
[6] **el predio** das Grundstück
[7] **emplumado/a** gefiedert

**b)** Busca en el texto sinónimos para las siguientes palabras o expresiones. — vocabulario

**1.** más o menos = ______  **5.** dejar un lugar = ______
**2.** 100 años = ______  **6.** sobresalir = ______
**3.** se encuentra = ______  **7.** la ciudad principal = ______
**4.** el nombre = ______  **8.** bautizar = ______

comprensión auditiva
WES-112672-004
p. 276

**2** a) Escucha el reportaje de radio sobre Teotihuacan y contesta a las preguntas.

1. ¿Qué encontraron en Teotihuacan?

_______________

2. ¿Dónde se ubica y qué contiene?

_______________

3. ¿Cuánto tiempo estuvo cerrado?

_______________

b) En parejas, preparad una ficha sobre Teotihuacan usando la información del texto y del audio de los ejercicios anteriores.

***Algunos datos sobre Teotihuacan:***

*– Habitada desde el año* _______________ *hasta* _______________

*– Ubicada en:* _______________

*– Características de la ciudad:* _______________

*– Número de habitantes:* _______________

*– Descubierto por:* _______________ *en* _______________

*–Monumentos importantes:* _______________

**3** Compara las ciudades de Teotihuacan y de Tenochtitlan.
¿Qué sabes de su origen, la ubicación, su caída y su estado actual?

mediación
p. 287

**4** Estás participando en un concurso de pódcasts sobre temas históricos de tu colegio de intercambio. Quieres hacer un pódcast sobre Tenochtitlan.
Con ayuda del artículo siguiente, explica qué significa el término "conquista", quién conquistó Tenochtitlan y qué se organiza en la Ciudad de México para conmemorar la caída de Tenochtitlan de hace 500 años.

## Wer eroberte Tenochtitlan?

*Tagesschau*

In Mexiko jährt sich zum 500. Mal der Fall von Tenochtitlan, der Hauptstadt der Azteken. Historiker fragen, ob man von einer Eroberung durch die Spanier sprechen kann – denn die hatten zahlreiche indigene Verbündete.
Proben am Zócalo, dem zentralen Platz im Zentrum von Mexiko-Stadt für eine Lichtshow. Seit Tagen finden hier schon Vorbereitungen statt für den großen Festakt: Vor 500 Jahren fiel die Hauptstadt der Azteken, Tenochtitlan. Zur Erinnerung wird in der Mitte des Platzes ein riesiges Modell des Templo Mayor, der heiligen Stätte der Azteken, aufgebaut. Das Original stand wenige Meter weiter. Es wurde von den Spaniern zerstört, um mit den Steinen die Kathedrale von Mexiko-Stadt zu errichten – als Zeichen des Sieges des Christentums.
Rund um den Jahrestag werden Tausende traditionelle Tänzer tagelang auf dem Zócalo ihre Riten zeigen. Für Vertreter der indigenen Völker bedeutet der Fall von Tenochtitlan den Beginn des Widerstandes.
Itztli, mit spanischem Namen José Luis Hernández, ist einer der Tänzer, die fast immer neben der Kathedrale zu finden sind. Er sagt: „Der 12. August 1521 war der letzte Tag der Freiheit, der Selbstbestimmung unserer Völker. Am nächsten Tag eroberten die Spanier diese große Stadt Mexico-Tenochtitlan. Ab diesem Moment nahmen sie sich unser Territorium, unsere Freiheit, unsere Geschichte – um uns den Kolonialismus aufzudrücken."

### „Conquista" wird hinterfragt

Der Fall von Tenochtitlan war für Mesoamerika, ein Gebiet, das vom heutigen Mexiko bis nach Costa Rica im Süden reicht, der Beginn einer neuen Ära.
Lange war von der „Conquista", der Eroberung, die Rede. Doch der Begriff wird unter Historikern in Mexiko zunehmend in Frage gestellt. Der Spanier Hernán Cortés hatte nur wenige hundert Soldaten bei sich, als er gegen die Hauptstadt der Azteken zog.

**„Rebellion der von den Azteken unterworfenen Völker“**
Ohne fremde Unterstützung wäre Cortés nie so weit gekommen, erklärt Federico Navarrete, Historiker an der Nationalen Unabhängigen Universität von Mexiko: „Die Armee, die Mexico-Tenochtitlan eroberte, bestand zu 99 Prozent aus indigenen Kriegern und einem Prozent aus Spaniern. Es war also eine Rebellion der von den Azteken Mexikos unterworfenen Völker, ein Krieg der Völker Mesoamerikas gegen die Azteken“, so Navarrete. „In ihren Expeditionen verbündeten sich die Spanier mit den indigenen Rebellen. Das alte Regime ging unter und das koloniale Regime begann.“

**5** a) Discutid en grupos pequeños. ¿Os parece importante cuestionar el término “conquista”? ¿Por qué (no)? ¿Cambia algo si se llama de una manera o de otra? ¿Qué opináis?
b) Presentad vuestro resultado en clase.

expresión oral

**6** a) Vuelve a leer el texto de la página 105 en el libro y busca dos ejemplos para el uso del pretérito indefinido, dos para el uso del imperfecto y uno para el pluscuamperfecto. Explica por qué se usan los tiempos verbales en cada caso.
b) Completa el texto con los verbos en pasado y con las cinco conjunciones y adverbios de las casillas.

los tiempos verbales del pasado y conectores

GR p. 264

| durante | finalmente | cuando | aun así | pero |
|---|---|---|---|---|

La Guerra de la Independencia de México (1) ______ (durar) once años. Todo (2) ______ (comenzar) el 16 de septiembre de 1810 (3) ______ Miguel Hidalgo, un cura que (4) ______ (vivir) en el municipio de Dolores, en el estado de Guanajuato, (5) ______ (tocar) las campanas de la iglesia para pedir al pueblo que se uniera a la lucha en contra del dominio de los españoles. Esto se conoce como el Grito de Dolores. Antes de esto, los indígenas y criollos (6) ______ (estar) descontentos porque creían que ya (7) ______ (sufrir) suficientes desigualdades sociales y económicas desde la conquista. Por lo que no (8) ______ (dudar) en unirse a la lucha. (9) ______, conseguir la independencia no (10) ______ (ser) un proceso fácil. (11) ______ tantos años de batallas, combatientes de ambos bandos (12) ______ (morir) en combate y líderes como Hidalgo (13) ______ (ser) asesinados. (14) ______, cuando esto (15) ______ (ocurrir), aparecían nuevos líderes que (16) ______ (continuar) encabezando la lucha. (17) ______, Agustín de Iturbide y Vicente Guerrero, dirigentes de ambos bandos (18) ______ (unir) sus fuerzas y ambos ejércitos con el nombre del Ejército Trigarante. La guerra (19) ______ (terminar) así, el 27 de septiembre de 1821 cuando el Ejército Trigarante (20) ______ (hacer) su entrada en la Ciudad de México, logrando la consumación de la Independencia.

## Tres fiestas importantes

expresión oral

**1** a) Mira las fotos de estas dos tradiciones mexicanas y haz suposiciones. ¿De qué se trata? ¿Qué crees que hacen y representan las personas en las fotos?

La Guelaguetza

Papantla

comprensión lectora

p. 272

b) Lee el texto A de abajo y el texto B en la página siguiente. Vuelve a mirar la infografía sobre el Día de Muertos en la página 109 del libro y el texto de la página 100 sobre esta fiesta. ¿A cuáles de las tradiciones se refiere cada frase? Marca con una cruz.

| | Guelaguetza | Papantla | Día de Muertos |
|---|---|---|---|
| **1.** Se celebra en solo un estado de México. | | | |
| **2.** Mezcla elementos indígenas con elementos católicos. | | | |
| **3.** Esta tradición es conocida en todo el mundo. | | | |
| **4.** Se celebra una vez al año. | | | |
| **5.** Está vinculada con la naturaleza. | | | |
| **6.** Participan cinco personas. | | | |
| **7.** Es una tradición con música y muchos colores. | | | |
| **8.** Se presentan diferentes regiones. | | | |

expresión oral

c) ¿Cuál de las tres tradiciones te gustaría conocer en un viaje por México? ¿Cuál es la que más te llama la atención y por qué? Habla con un/a compañero/a.

A La fiesta más popular de Oaxaca se llama la Guelaguetza que significa "dar" o "compartir" en zapoteca, lengua indígena de esta región. Se celebra los dos lunes siguientes después del 16 de julio y es una festividad en la que se puede disfrutar de la cultura, las tradiciones y la gastronomía.
Esta tradición se celebra desde la época prehispánica. En aquel entonces, los indígenas dedicaban la celebración en honor a la diosa del maíz, Centeótl. Sin embargo, cuando los españoles llegaron a la región, se le dio un significado católico y se dedicó a la Virgen del Carmen.
Desde el año 1974 la fiesta se celebra en el Cerro de Fortín, donde las delegaciones de todas las regiones del Estado se reúnen para realizar una ofrenda de sus productos, sus vestidos, su música y sus danzas a los habitantes de la ciudad de Oaxaca, en muestra de agradecimiento[1].
La fiesta empieza con las calendas, un alegre y colorido desfile[2] que recorre los diferentes pueblos acompañados de las llamadas marmotas que son muñecos[3] gigantes hechos de papel que lleva una persona y que se mueven al ritmo de la música de una banda. Se calcula que cada año, más de 100 mil personas de todos los lugares visitan Oaxaca para conocer más sobre la riqueza cultural del estado y disfrutar de esta fiesta tan importante.

[1] **el agradecimiento** der Dank
[2] **el desfile** die Parade
[3] **el muñeco** die Figur

**B** El Rito de los Voladores de Papantla es una danza que se practica no solo en la ciudad de Papantla, al norte de Veracruz sino también en los estados centrales de México como Hidalgo y Puebla.
Este tipo de danza tiene su origen en tradiciones sagradas de la época prehispánica. Muchas de estas danzas ancestrales fueron prohibidas por los españoles como parte de la evangelización, pero el Rito de los Voladores sobrevivió en algunas regiones y, por eso se conserva hoy en día.
La danza de los Voladores de Papantla representa una plegaria[1] a los dioses para hacer que llueva sobre los campos de cultivos en momentos de sequía. En ella, participan los cuatro "voladores" que representan a cada uno de los puntos cardinales y el "caporal[2]", que es la persona que se sitúa en el centro de un mástil de 18 a 40 metros de altura, y es el encargado de tocar la flauta y el tambor marcando el ritmo.
El descenso del cielo de los danzantes por medio de cuerdas representa la caída de la lluvia, los vestidos de los danzantes simbolizan las plumas[3] de las aves y los listones[4] de colores, al arcoíris[5] que aparece tras la lluvia.
Cada señal del caporal es una acrobacia que los voladores tienen que hacer, por ejemplo deben girar 13 veces en cada caída, que multiplicado por los cuatro voladores son 52, el número de años del calendario Xiuhmolpilli, que era el calendario solar utilizado por los aztecas.

[1] **la plegaria** die Bitte, das Gebet
[2] **el caporal** *el líder*
[3] **la pluma** die Feder
[4] **el listón** das Band
[5] **el arcoíris** der Regenbogen

**2** **a)** ¿Para qué se usa el condicional simple? Marca con una cruz las <u>cinco</u> respuestas correctas.

el condicional simple

- ☐ para pedir un favor de forma cortés
- ☐ para expresar hipótesis
- ☐ para dar consejos
- ☐ después de *ojalá*
- ☐ para expresar deseos
- ☐ para hacer una propuesta
- ☐ para hablar del pasado

**b)** Completa las frases con los verbos en condicional simple.

deber | encantar | estar | llevar | poder | viajar

1. Me ______________ viajar a México para ver a los voladores de Papantla.
2. Yo que tú ______________ en noviembre, así podrás conocer el Día de Muertos.
3. Ariel y Alejandra, ¿me ______________ ayudar con los preparativos del viaje?
4. Yo en tu lugar no ______________ una maleta tan grande.
5. Eva también ______________ visitar la zona arqueológica de Teotihacan.
6. ¿Viajar solo? No lo sé. Creo que mis padres ______________ muy preocupados.

**c)** Relaciona cada frase de b) con uno de los usos marcados de a).

**3** Inventa consejos para las siguientes situaciones.

GR p. 253

1. Me gustaría viajar a México, pero me da miedo volar.

______________________________

2. Mis padres no quieren que viaje solo.

______________________________

______________________________

3. Mi mejor amiga planea estudiar en otro país, pero no quiero que se vaya.

______________________________

______________________________

4. Mi familia y yo acábamos de aterrizar, pero nuestras maletas no han llegado.

______________________________

______________________________

**4** **a)** Existen muchas canciones mexicanas sobre la muerte que no se escuchan solamente el Día de Muertos. ¿Cómo te imaginas una canción sobre la muerte? ¿Qué ritmo y qué melodía tendrá, qué sensación causará y qué palabras contendrá? ¿En qué momento la escucharías? Toma notas.

________________________________________

________________________________________

________________________________________

________________________________________

comprensión auditiva

**b)** Cierra los ojos y escucha el comienzo (hasta el minuto 00:50) de la canción *Mis muertos* de Julieta Venegas en internet. Describe el ritmo y la melodía.

**c)** Escucha la canción y completa sus letras con las palabras que faltan.

**Mis muertos**
*Por Julieta Venegas*

Tu nombre traigo este día
Para darme ____________________, recordarte en vida
Risas y complicidad, charlas ____________________
Susurros[1] y ____________________, necesito ahora
Mi ____________________ a ti revelar
Mis muertos me acompañarán
Me darán ____________________
Convierten tristeza en canción
Habitan el aire con su ____________________
Quiero decirles siento ____________________ y serenidad[2]
Por mí estén felices, mis días seguirán
Estaremos ____________________ aquí o en el más allá
Viento y melodías, gemidos[3] nos hacen ____________________
Mis muertos me acompañarán
Me darán ____________________
Convierten tristeza en canción
Habitan el aire con su ____________________
La, la, la...
Mis muertos me acompañarán
Me darán ____________________
Convierten tristeza en canción
Habitan el aire con su ____________________

[1] **el susurro** das Flüstern
[2] **la serenidad** die Gelassenheit
[3] **el gemido** das Wimmern

**d)** ¿Qué sensación te causa esta canción? Vuelve a mirar tus notas de a) y compara tus respuestas.

**5** En parejas, buscad otras canciones mexicanas sobre la muerte en internet (por ejemplo: *¿Adónde van los muertos?* de Kinky, *Son de Difuntos* de Lila Downs o *La Llorona* – la versión de Chavela Vargas o Angela Aguilar). Comparadlas con *Mis muertos* de Julieta Venegas. ¿Cuál es la que más os gusta? ¿Por qué?

## Un mural de Diego Rivera

**1** Mira y describe esta parte del mural *Sueño de una tarde dominical en la Alameda Central* de Diego Rivera. ¿A quién/es reconoces en el cuadro?

expresión oral

p. 277

**2** Completa el texto con las palabras de la casilla.

vocabulario

artistas • autorretratos • calaveras • caricaturista • centro • derecha • encontrarse • esposa
famosas • festividad • figura • izquierda • muralista • negro • símbolo • tamaño

El gran (1) ________________ Diego Rivera creó el mural *Sueño de una tarde dominical en la Alameda Central* en 1947. Tiene un (2) ________________ de 15,6 x 4,7 metros y (3) ________________ actualmente en el Museo Mural Diego Rivera. En el mural, más de cien personas claves de 400 años de la Historia de México, desde la Conquista hasta la Modernidad, caminan juntos por el parque de la Alameda Central.

En el (4) ________________ de la imagen destaca *La Catrina*, una (5) ________________ creada en el año 1912 por el (6) ________________ José Guadalupe Posada. Originalmente se llamaba La Calavera Garbancera y Diego Rivera la bautizó *La Catrina*. Durante los gobiernos de Benito Juárez, Sebastián Lerdo de Tejada y Porfirio Díaz se usaron las imágenes de esqueletos y (7) ________________ para criticar la situación del país. Hoy en día es un (8) ________________ importante no solo en la (9) ________________ del Día de Muertos. A la (10) ________________ de *La Catrina* se puede ver al creador de la misma, a José Guadalupe Posada, vestido con un traje (11) ________________ y elegante. A la (12) ________________ de la famosa calavera, el pintor se perpetuó con una versión infantil de sí mismo. Detrás de él se ve a su (13) ________________, la pintora Frida Kahlo. Frida Kahlo es una de las (14) ________________ méxicanas más (15) ________________ mundialmente. Las obras más conocidas de la artista son sus (16) ________________.

## México y los Estados Unidos

comprensión lectora p. 272

**1** **a)** Lee el título del artículo y haz suposiciones sobre el artículo que váis a leer a continuación. ¿De qué tratará? ¿A qué se refieren con "las manos" de México? ¿Y qué mueven? En parejas, apuntad vuestras ideas y presentadlas a la clase.

**b)** Lee el artículo y decide si las frases son verdaderas, falsas o si la información no está en el texto.

| | v | f | no está |
|---|---|---|---|
| **1.** El Río Bravo y el Río Grande son el mismo río. | | | |
| **2.** Al norte del Río Bravo empieza México. | | | |
| **3.** Según el artículo los mexicanos trabajan en EE. UU., por ejemplo, de limpiadores, cocineros, chefs o como directores de cine. | | | |
| **4.** En Estados Unidos viven tantos mexicanos como habitantes en Bélgica, Grecia, Portugal y Noruega juntos. | | | |
| **5.** El 50 % de los mexicanos en EE. UU. viven en California o en Texas. | | | |
| **6.** Mantener o apoyar económicamente a la familia en México es uno de los mayores motivos para migrar a otro país. | | | |
| **7.** Muchos de los mexicanos que se encuentran de forma ilegal en EE. UU. ya han cruzado la frontera varias veces. | | | |
| **8.** Los motivos para migrar de los migrantes centroamericanos y de los mexicanos son parecidos. | | | |

**c)** Vuelve a leer el artículo y marca todos los motivos de migración que contiene. ¿Hay un motivo que te sorprende o que te llama especialmente la atención?

**d)** Explica qué es la "migración de cuello blanco" *(ll. 48-49)*.

### Las manos de México que mueven EE. UU.

*Por Eileen Truax, elDiario.es, 5 de enero de 2022*

Al norte del Río Bravo, que en Estados Unidos se conoce como Río Grande, México deja de llamarse México. Una vez cruzada esa frontera de agua –o de desierto, dependiendo por dónde se cruce–, México se convierte en Texas, Arizona, California o Nevada. Los mexicanos se tornan[1] angelinos, neoyorquinos, bostonianos, y se vuelven fanáticos de los Yankees, los Dodgers y el Galaxy. Uno podría pensar que ahí se acaba México; pero basta fijarse en las manos de estos migrantes para darse cuenta de que siguen siendo mexicanas.

Son mexicanas las manos de las mujeres que limpian las habitaciones de los grandes hoteles en Manhattan y en Las Vegas y las de los cocineros que, en restaurantes de todo el país, preparan comida típica de países de todo el mundo. Mexicanas son las manos de las chefs que diseñan el menú de los restaurantes de Beverly Hills y las de los directores de cine que lo degustan[2] después de haber recibido un Óscar. [...]

En Estados Unidos viven 38 millones de mexicanos. Once de estos millones nacieron en México y los otros 27, en Estados Unidos; es decir, son mexicanos de segunda, tercera o alguna más lejana generación. Esta cantidad equivale[3] a la suma de la población de Bélgica, Grecia, Portugal y Noruega y a una tercera parte del total de mexicanos que viven en México. Un poco más de datos: de estos mexicanos en el norte, la mitad ha vivido en Estados Unidos por más de 20 años; seis de cada diez viven en California o en Texas; el 70 % habla inglés de manera fluida, y el 65 % conserva el uso del español.

**Muchas razones para emprender el viaje[4]**

Gran parte de la pobreza en México es paliada[5] por quienes migran a Estados Unidos que, a su vez, se integran a los deciles[6] de los más pobres de ese país

[1] **tornarse** sich verwandeln
[2] **degustar** kosten
[3] **equivaler a** entsprechen
[4] **emprender un viaje** eine Reise unternehmen
[5] **paliar** verschleiern, verharmlosen
[6] **deciles** *aquí:* grupos

para subir el nivel de vida de sus familias en el otro. No se piense, sin embargo, que el ingreso económico ha sido el único motor para mover el hogar al norte. Es verdad que millones de mexicanos en Estados Unidos llegaron de manera indocumentada –al igual que millones de inmigrantes provenientes de otros países–, pero durante las últimas dos décadas el número de personas que se encuentran en el país ilegalmente han ingresado a él con documentos legales, sean estos un pasaporte de un país que no requiere visa, o una visa de estudios, de turismo o de trabajo que han dejado vencer. Esta migración de cuello[6] blanco es la evidencia de que hay tantas razones para migrar como migrantes en el país. Las manos que trabajan, estudian, limpian y curan tienen sus historias propias.

Si bien es cierto que muchos han cambiado de país para mejorar la vida de la familia en el lugar de origen, muchos otros lo han hecho para, simple y llanamente, conservar la vida. Como ocurre con los migrantes centroamericanos, un gran número de mexicanos van hacia el norte no porque quieren, sino porque la corrupción y la impunidad[7] en todos los niveles del Estado mexicano pone su vida en riesgo y los obliga a marchar. Algunos han migrado por razones médicas, como la familia que desde hace dos décadas vive en California sin documentos porque los padres, a pesar de ser profesionistas y tener una vida económica estable en México, solo pudieron obtener un tratamiento médico para su hija en Estados Unidos. Hay quienes optaron[8] por vivir en ciudades como Los Ángeles, San Francisco o Nueva York, donde pueden vivir abiertamente su identidad de género y su orientación sexual, tras haber sido violentados en sus conservadoras comunidades de origen.

[6] **el cuello** der Kragen
[7] **la impunidad** die Straffreiheit
[8] **optar** *decidirse*

**2** Mira las fotos y descríbelas. ¿Qué te llama la atención en este parque? ¿Dónde crees que se encuentra?

p. 277

A

B

C

**3** a) Escucha el reportaje sobre el Chicano Park y marca con una cruz las seis frases correctas.

comprensión auditiva
**WES-112672-004**

1. El parque está ubicado...
   - ☐ **a** en Los Ángeles, California.
   - ☐ **b** en el Barrio Logan.
   - ☐ **c** en un barrio de migrantes mexicanos de San Diego.
2. En los años 60...
   - ☐ **a** se construyó una autopista en el barrio.
   - ☐ **b** se construyeron una autopista y un parque.
   - ☐ **c** hubo problemas entre los habitantes de la comunidad.
3. En 1970 la comunidad del barrio se enfadó con las autoridades porque...
   - ☐ **a** expropiaron 5000 casas y negocios.
   - ☐ **b** en vez de un parque iban a construir una estación de policía.
   - ☐ **c** no cumplieron su promesa.
4. Hoy en día el parque...
   - ☐ **a** es un monumento importante del movimiento antirracista.
   - ☐ **b** es un lugar de encuentro para artistas internacionales.
   - ☐ **c** está debajo de un puente.

b) Escucha otra vez el reportaje y completa las frases.

1. Para protestar, la comunidad ondeó la bandera chicana, las personas crearon cadenas humanas y

   ______________________________.

2. Ocuparon el terreno durante ______________________ a modo de protesta.

c) Nombra dos de los temas que representan los murales del parque.

______________________________

______________________________

## La comida Tex-Mex

El país y la gente

El término **Tex-Mex** se crea en torno al año 1875, debido al tren *Texas Mexican Railway*, que cruzaba la frontera entre Texas y México. Más adelante, este nombre comenzó a hacer referencia a los movimientos culturales, gastronómicos y sociales que se daban en el territorio de la frontera. A lo largo del siglo XX, la cocina Tex-Mex ha tomado alimentos típicos estadounidenses como el queso amarillo o las tortillas de harina. La cocina tradicional mexicana y la Tex-Mex comparten ingredientes, pero son, sin duda, muy diferentes.

el imperativo

**1** A continuación vas a leer dos recetas, una típica de la cocina Tex-Mex y otra de la cocina tradicional mexicana. Complétalas con las formas en imperativo. Puedes ayudarte de un diccionario.

**Nachos**

adornar • añadir (2x) • colocar • hornear • mezclar • precalentar • sacar • servir

(1) ________ el horno a 180°C. (2) ________ los frijoles con el cilantro y (3) ________ un chorrito de zumo de lima. En una bandeja de horno (4) ________ una capa de tortilla chips. Encima, (5) ________ una capa de queso cheddar. (6) ________ con los trocitos de jalapeños. (7) ________ durante 10 minutos (o hasta que el queso esté fundido). (8) ________ los nachos del horno y (9) ________los con salsa, guacamole y crème fraîche.

**Chilaquiles en salsa verde**

cocinar • dejar • escurrir • reservar

(1) ________ que las tortillas se sequen toda la noche. (2) ________ medio kilo de tomatillos, 2 o 3 chiles serranos y un diente de ajo en agua, a fuego lento de 12 a 15 minutos hasta que estén suaves y cocidos. (3) ________ el agua y (4) ________ ¼ del agua.

añadir (2x) • coger • dejar • licuar

En una licuadora, (5) ________ los chiles, los tomatillos y el ajo. (6) ________ el agua reservada si lo necesitas para que la mezcla no sea tan espesa. (7) ________ una sartén y (8) ________ la salsa y (9) ________la cocer durante 5 minutos.

añadir • decorar • remover • servir

(10) ________ las tortillas a la sartén y (11) ________ durante dos minutos más. (12) ________ los chilaquiles en un plato y (13) ________ con queso desmenuzado, cilantro, cebolla, crema, frijoles refritos o aguacate.

**2** Elige una actividad. A tu manera

1. En parejas, elegid una de las recetas del ejercicio 1 y preparadla en casa. Grabad un vídeo mientras la preparáis. Presentad el vídeo en clase. p. 290
2. En grupos, buscad en internet un plato de la cocina tradicional mexicana y otro de la cocina Tex-Mex. ¿En qué se parecen? ¿Y en qué se diferencian? Presentad vuestros resultados en clase. Estos ejemplos pueden ayudaros: Chili con Carne – Mole, Fajitas – Burrito, Taco Shell – Tacos.

## Encuentros

**1** a) Lee de nuevo esta frase del fragmento de *La raya del olvido* en la página 119 del libro. ¿Qué tiempos verbales se usan y por qué se usan? las frases condicionales

"Si alguien me encontrara aquí, abandonado en un lugar ciego y abierto donde solo brilla una raya artificial en el suelo, ¿cómo lo haría para identificarme?"

b) ¿Qué tipos de frases condicionales existen? ¿En qué momentos se usan y con qué tiempos verbales se construyen? Trabajad en parejas o en grupos pequeños. GR p. 267

c) Escribe cinco frases condicionales utilizando un elemento de cada grupo.

| | | | |
|---|---|---|---|
| Si | yo<br>(tú)<br>mi mejor amigo<br>tú y yo<br>mis padres | *nacer* en México,<br>*conocer* en otro momento,<br>*tener* que migrar,<br>*poder* elegir un país donde vivir,<br>*volver* a su país, | *echar* de menos a su familia.<br>*aguantar* la comida picante.<br>hoy *llevarnos* mejor.<br>*vivir* en un país sin guerra.<br>*ir* con ellos. |

**2** Vas a escribir un monólogo interior. Sigue el ejercicio paso a paso. expresión escrita

a) Vuelve a leer el cuento *Encuentro* de Octavio Paz (pp. 116-117 del libro).
b) Elige una escena interesante/llamativa/conflictiva, como el comienzo del cuento o la escena en el bar, por ejemplo.
c) Elige desde qué perspectiva quieres escribir el monólogo interior, desde la perspectiva del narrador o del "desconocido".
d) Toma notas sobre el estado de ánimo del personaje en ese momento. ¿Cómo se siente? ¿Qué pensará?
e) Vuelve a leer en las estrategias en la página 285 cómo se escribe un monólogo interior.
f) Empieza a escribir.

**3** Formad grupos de cuatro o cinco. Escribid en un papel todas las letras del abecedario, cada una en una línea. El/la profesor/a indica el comienzo del juego. Cada grupo busca una palabra o una persona relacionada con el tema "México" que empiece con cada letra del abecedario. Cuando el/la profesor/a diga "¡Alto el lápiz!" todos dejan de escribir. Gana el grupo que más palabras tenga. actividad lúdica

## Los niños perdidos

**1** Mira la foto y descríbela. ¿Qué crees qué hacen estos jóvenes y adónde van?

comprensión lectora

p. 272

**2** **a)** Lee la primera parte (hasta la línea 48) del texto y describe en qué trabaja el/la narrador/a y cuál es la dificultad de su trabajo.
**b)** Lee la segunda parte del texto y explica a qué se le llama "La Bestia" y por qué.

**3** Analiza la situación de los niños. ¿Qué les puede pasar después de contestar a las preguntas?

**4** Comenta el título del cuento. Para ello, ten en cuenta los diferentes significados de la palabra "perder". Usa un diccionario.

### Los niños perdidos (Un ensayo en cuarenta preguntas)

*Por Valeria Luiselli, Editorial Sexto Piso, Ciudad de México 2016*

«¿Por qué viniste a los Estados Unidos?». Ésa es la primera pregunta del cuestionario de admisión para los niños indocumentados que cruzan solos la frontera. El cuestionario se utiliza en la Corte Federal de Inmigración, en Nueva York, donde trabajo como intérprete[1] desde hace un tiempo. Mi deber ahí es traducir, del español al inglés, testimonios de niños en peligro de ser deportados. Repaso las preguntas del cuestionario, una por una, y el niño o la niña las contesta. Transcribo en inglés sus respuestas, hago algunas notas marginales, y más tarde me reúno con abogados[2] para entregarles y explicarles mis notas. Entonces, los abogados sopesan[3], basándose en las respuestas al cuestionario, si el menor tiene un caso lo suficientemente sólido como para impedir una orden terminante de deportación y obtener un estatus migratorio legal. Si los abogados dictaminan[4] que existen posibilidades reales de ganar el caso en la corte[5], el paso siguiente es buscarle al menor un representante legal. Pero un procedimiento en teoría simple no es necesariamente un proceso sencillo en la práctica. Los niños que entrevisto pronuncian palabras reticentes[6], palabras llenas de desconfianza, palabras fruto del miedo soterrado y la humillación constante. Hay que traducir esas palabras a otro idioma, trasladarlas a frases sucintas, transformarlas en un relato coherente, y reescribir todo eso buscando términos legales claros. El problema es que las historias de los niños siempre llegan como revueltas, llenas de interferencia, casi tartamudeadas[7]. Son historias de vidas tan devastadas y rotas, que a veces resulta imposible imponerles un orden narrativo.

«¿Por que viniste a los Estados Unidos?». Las respuestas de los niños varían, aunque casi siempre apuntan hacia el reencuentro con un padre, una madre, o un pariente que emigró a Estados Unidos antes que ellos. Otras veces, las respuestas de los niños tienen que ver no con la situación a la que llegan sino con aquella de la que están tratando de escapar: violencia extrema, persecución y coerción a manos de pandillas y bandas criminales, abuso mental y físico, trabajo forzoso.

No es tanto el sueño americano en abstracto lo que los mueve, sino la más modesta pero urgente aspiración de despertarse de la pesadilla[8] en la que muchos de ellos nacieron. [...]

Las preguntas cinco y seis del cuestionario son: «¿Qué países cruzaste?» y «¿Cómo llegaste hasta aquí?». A la primera, la mayoría responde «México», y otros también incluyen «Guatemala», «El Salvador», y «Honduras», dependiendo de dónde haya empezado el viaje. A la segunda pregunta, con una mezcla de orgullo y horror, la mayoría dice: «La Bestia».

Más de medio millón de migrantes mexicanos y centroamericanos se montan cada año a los distintos trenes que, conjuntamente, son conocidos como La Bestia. Por supuesto, no hay servicio para pasajeros en esos trenes, así que las personas se montan encima de los desvencijados carros de carga rectangulares de techos[9] planos –las góndolas– o bien en los descansos entre carro y carro.

Se sabe que a bordo de La Bestia los accidentes –menores, graves o letales– son materia cotidiana, ya sea por los descarrilamientos[10] constantes de los trenes, o por caídas a medianoche, o por el más mínimo descuido. Y cuando no es el tren mismo el que supone un peligro, la amenaza son los traficantes, maleantes, policías o militares, que a menudo intimidan, extorsionan[11], o asaltan a la gente que va a bordo. «Entra uno vivo, sale uno momia[12]», se suele decir sobre La Bestia. Algunas personas la comparan con un demonio, otras con una especie de aspiradora que, desde abajo, si te distraes, te chupa hacia el fondo de las entrañas metálicas del tren. Pero la gente decide, no obstante los peligros, correr el riesgo. Tampoco es que tengan muchas alternativas.

1 **el/la intérprete** der/die Dolmetscher/in
2 **el/la abogado/a** der Anwalt/die Anwältin
3 **sopesar** abwägen
4 **dictaminar** ein Gutachten abgeben
5 **la corte** der Gerichtshof
6 **reticente** zögerlich
7 **tartamudear** stottern
8 **la pesadilla** der Albtraum
9 **el techo** das Dach
10 **el descarrilamiento** die Entgleisung
11 **extorsionar** erpessen
12 **la momia** der abgemagerte Mensch

**1** Lee el texto en la página 128 del libro y marca las ocho respuestas correctas. comprensión lectora

1. El último rey antes de la Segunda República española...
   - [ ] **a** se llamaba Juan Carlos I de Borbón.
   - [ ] **b** sufrió el descontento de los españoles.
   - [ ] **c** estaba en contra del gobierno de Miguel Primo de Rivera.

2. Alfonso XIII puso en marcha reformas que...
   - [ ] **a** tuvieron mucho éxito desde el principio.
   - [ ] **b** querían mejorar la situación del pueblo.
   - [ ] **c** provocaron varias huelgas.

3. La dictadura de Primo de Rivera...
   - [ ] **a** empezó con un golpe de Estado.
   - [ ] **b** se terminó cuando Alfonso XIII abdicó.
   - [ ] **c** duró diez años.

4. Durante la Segunda República...
   - [ ] **a** se reformó la educación y el Ejército.
   - [ ] **b** se aprobó el voto femenino.
   - [ ] **c** el Ejército repartió las tierras.

5. Tras la derrota de los republicanos por los sublevados se inició una época de...
   - [ ] **a** libertad democrática.
   - [ ] **b** pérdida de derechos de las mujeres y opositores al franquismo.
   - [ ] **c** poder de la Iglesia.

6. Tras la muerte de Franco...
   - [ ] **a** continuó la dictadura.
   - [ ] **b** el rey gobernó el país durante unos años.
   - [ ] **c** se inició la transición.

**2** Completa las frases con las palabras de la casilla. Usa el diccionario si lo necesitas. vocabulario

p. 288

exhumación • sufragio universal • reformas • estallar *(pret. indefinido)*
exiliarse • represalias • arrasar • trabajos forzados • ejecuciones • dimitir

1. Durante el gobierno de Alfonso XIII se llevaron a cabo ____________ que no fueron suficientes para solucionar los problemas del pueblo.
2. Primo de Rivera tuvo que ____________ al quedarse sin la ayuda del rey y aumentar el malestar del pueblo.
3. El ____________ significa que todos los habitantes de un lugar mayores de edad tienen derecho a votar sin importar sexo ni raza.
4. La guerra civil ____________ el 18 de julio de 1936.
5. Muchos españoles tuvieron que ____________ después de la guerra al extranjero.
6. Muchos pueblos fueron ____________, quedando las casas destruidas.
7. Los perdedores de la guerra sufrieron fuertes ____________.
8. Se asesinaron a muchos prisioneros en ____________.
9. Los condenados a ____________ fueron los que construyeron las carreteras.
10. Después de su ____________, Franco fue enterrado en un cementerio público.

**3** Relaciona las palabras con su antónimo. vocabulario

1. empeorar
2. contento
3. perder
4. acortarse
5. dictadura
6. aceptar un puesto
7. rapidez
8. exitoso

A. dimitir
B. mejorar
C. lentitud
D. fallido
E. insatisfecho
E. democracia
F. alargarse
G. vencer

## Reformas durante la Segunda República

**A** La España del finales del siglo XIX y principios del XX presentaba una tasa de analfabetismo en torno al 44 %, principalmente concentrada en el campo. Para luchar contra la falta de educación y la cultura, el Gobierno de la Segunda República desarrolló las llamadas *"Misiones Pedagógicas"*.
Las Misiones Pedagógicas querían llegar a los campesinos, obreros, niños y pobladores de lugares de difícil acceso. Maestros, actores, pintores y escritores viajaban a los llamados pueblos perdidos de España y llevaban libros, periódicos, cuadros, música, proyectores de películas, obras de teatro, etc. Los habitantes de estos pueblos veían impresionados las representaciones teatrales y escuchaban a estas personas que llegaban de lejos hablando de forma muy diferente a ellos.

**B** Durante la Segunda República la relación con la Iglesia era un punto de conflicto entre la sociedad y los políticos, durando principalmente hasta el final de la guerra civil. Hasta entonces la Iglesia disfrutaba de muchos privilegios, así como de poder a nivel político, administrativo y social. Alfonso XIII, y posteriormente en la dictadura, Primo de Rivera, la apoyaban totalmente. Por eso, para muchos la caída[1] de Alfonso XIII iba asociada con la caída de la Iglesia. La dictadura se prolongó incluso después de la dimisión[2] de Primo de Rivera. Pero el 12 de abril de 1931 se convocaron elecciones y, más adelante, el 6 de mayo, se eliminó la obligatoriedad de estudiar religión en las escuelas públicas. Esto causó el enojo[3] de la Iglesia, principalmente porque sus bienes pasaron a ser dominio[4] del Estado y a causa de la supresión de las ayudas económicas y de la eliminación de su papel en la educación. La república hubiera necesitado construir 7 000 nuevas escuelas con 10 000 maestros. Estas medidas fueron imposibles de llevar a cabo por falta de tiempo y dinero. Pero la Iglesia buscó otros caminos para seguir jugando un papel en la enseñanza.

**C** En 1932 la Segunda República quiso resolver el problema de la desigualdad social, sobre todo en el sur de España, a través de una ley. La miseria de los jornaleros[5] sin tierra que trabajaban en los latifundios[6] era enorme. La república expropió los latifundios pagando una indemnización[7] a sus dueños. Estas tierras se dividirían en pequeños lotes de tierra que se repartirían entre los jornaleros. Pero el éxito de la Ley de Reforma Agraria fue limitado. No se repartieron las tierras tan rápido como se había pensado. La razón principal fue la falta de recursos (económicos y humanos) con los que contaba el Instituto de Reforma Agraria (IRA), el organismo encargado de aplicar la ley. El fracaso de este proyecto hizo que hubiera protestas entre los jornaleros que se sentían decepcionados.

[1] **la caída** der Sturz
[2] **la dimisión** der Rücktritt
[3] **el enojo** die Verärgerung
[4] **el dominio** der Besitz
[5] **el/la jornalero/a** der/die Landarbeiter/in
[6] **el latifundio** der Großgrundbesitz
[7] **la indemnización** die Entschädigung

comprensión lectora

**1** **a)** Lee los textos y ordena las preguntas según su relación con el texto. Escribe a su lado A, B o C.
**b)** Marca las respuestas a las preguntas en los textos y contéstalas con tus palabras.

1. __A__ ¿Cuáles fueron las causas de poner en marcha las Misiones Pedagógicas?
2. ______ ¿Qué situación tenían los jornaleros antes de la Segunda República?
3. ______ ¿Cuál era la posición de Alfonso XIII ante el papel de la Iglesia?
4. ______ ¿Quiénes disfrutaban de las Misiones Pedagógicas?
5. ______ ¿Qué medida tomaron los políticos de la Segunda República tras las elecciones de 1931?
6. ______ ¿Por qué se llaman los lugares pueblos perdidos?
7. ______ ¿Cómo quiso la Segunda República solucionar las desigualdades sociales?
8. ______ ¿Qué hubiera necesitado la Segunda República al eliminar la presencia de la Iglesia en las escuelas?
9. ______ ¿Por qué hubo protestas entre los jornaleros?

**2** **a)** Escucha el fragmento de este pódcast y marca los temas de los que se hablan.

comprensión auditiva
WES-112672-005
p. 276

- ☐ **1.** la situación de la educación en el siglo XX en España
- ☐ **2.** un proyecto para mejorar la educación en el campo
- ☐ **3.** el papel de la Iglesia en el campo
- ☐ **4.** el uso de la cultura en internet

**b)** Marca si las frases son verdaderas o falsas. Vuelve a escuchar y comprueba tus respuestas.

| | v | f |
|---|---|---|
| **1.** Durante todo el siglo XX, el acceso a la educación era un lujo. | | |
| **2.** Tanto el campo como la ciudad sufrían el mismo abandono educativo. | | |
| **3.** El acceso a los lugares lejanos era difícil porque no había carreteras. | | |
| **4.** Este proyecto ya se había realizado antes en España. | | |
| **5.** Los misioneros llevaban muchos libros y otros materiales culturales a las aldeas. | | |
| **6.** Los misioneros hablaban de una forma diferente a la gente de los pueblos. | | |
| **7.** En muchos lugares de Castilla la gente no conocía ni el cine, ni el teatro, ni el mar. | | |
| **8.** El proyecto trató de cambiar las diferencias en la sociedad. | | |

**3** **a)** Habla con tu compañero/a sobre el proyecto de las Misiones Pedagógicas. ¿Era una buena idea? ¿Cómo podría haber tenido éxito? ¿Resolvía los problemas de los aldeanos? ¿Por qué (no)?
**b)** Cambiad de pareja y exponed vuestros resultados. Comparadlo con las posibilidades actuales de acceso a la información y las de antes.

expresión oral

**4** Completa el texto con los verbos en pretérito imperfecto, indefinido o pluscuamperfecto de indicativo o subjuntivo. En ocasiones hay más de una solución posible.

los tiempos verbales del pasado
GR p. 264

Antes de que (1) ________________ (empezar) la guerra civil, los problemas que (2) ________________ (tener) la sociedad española (3) ________________ (acumularse). Las dificultades de modernización desde el siglo XIX (4) ________________ (hacerse) cada vez más evidentes y (5) ________________ (conducir) a la crisis del año 1898. A partir de ahí (6) ________________ (venir) otras tantas crisis, la de 1909, 1917 y 1921 que (7) ________________ (traer) consigo la alternativa militar de Primo de Rivera: una dictadura. Sin embargo, los problemas sociales que ya (8) ________________ (aparecer) antes de la dictadura (9) ________________ (continuar). Por eso, era predecible que la Segunda República (10) ________________ (ganar) en las urnas con la alternativa democrática que esta (11) ________________ (ofrecer). Pero también la república (12) ________________ (fracasar) debido, entre otras cosas, a que no hubo nada que (13) ________________ (poder) resolver los problemas sociales como la miseria, en parte como consecuencia de la falta de organización, unidad política y de recursos económicos.

## La guerra civil

WES-112672-005

p. 277

**1** a) Durante la guerra civil los carteles o pósteres tuvieron una gran importancia como medio de propaganda para el gobierno y los sublevados (el bando nacional). Mira los carteles y ordénalos según si apoyan a la República o a los sublevados. Encuentras más información en este enlace.
b) Elige dos carteles, descríbelos y explica qué representan o simbolizan.

A

B

C

D

E

F

vocabulario

**2** La guerra civil cambió la vida de muchos jóvenes. Algunos de los supervivientes recuerdan todavía hoy con angustia aquellos tristes años. Luis Ortiz, del País Vasco, es uno de ellos. Antes de mirar el vídeo relaciona las palabras con su definición correspondiente. Consulta un diccionario si es necesario.

| 1 | 2 | 3 | 4 | 5 | 6 | 7 |
|---|---|---|---|---|---|---|
| D | | | | | | |

1. la comandancia
2. la trinchera
3. el bombardeo
4. el aliado
5. hacinado/a
6. la ficha de combatiente
7. sobornar

**A.** ofrecer dinero a una persona para obtener un favor o beneficio "ilegal"
**B.** país amigo o persona que tiene una alianza con otro para ayudarle, especialmente en guerras
**C.** amontonado/a y apretado/a en un lugar, con muy poco espacio
**D.** cuartel o edificio donde se encuentra la oficina de un comandante
**E.** documento con información de una persona que ha luchado en un combate
**F.** foso en la tierra que sirve de protección a los soldados en una guerra
**G.** la acción de tirar bombas

**3** a) Mira el vídeo sobre la experiencia de Luis Ortiz y relaciona los elementos de cada tabla correctamente. Para esto, escribe las letras en la tabla de arriba. Ojo: Hay dos frases (A-J) que no se usan. Después, comprueba tu solución con la de tu compañero/a.

comprensión audiovisual
**WES-112672-005**
p. 276

| 1 | 2 | 3 | 4 | 5 | 6 | 7 | 8 |
|---|---|---|---|---|---|---|---|
|  |  |  |  |  |  |  |  |

| | |
|---|---|
| 1 | Cuando empezó la guerra Luis… |
| 2 | La misión de Luis como "teléfono viviente"… |
| 3 | Cuando los aviones alemanes bombardearon Gernika, Luis… |
| 4 | En el año 1939 Luis… |
| 5 | Cuando Luis regresó a España… |
| 6 | Luis tuvo suerte a pesar de todo porque… |
| 7 | Para llevar una vida normal Luis… |
| 8 | Luis quiere que se reconozca que… |

| | |
|---|---|
| A | sabía escribir a máquina y no tuvo que hacer trabajos forzados duros. |
| B | era llamar todos los días a la comandancia. |
| C | tenía 19 años y apoyó al bando republicano. |
| D | tuvo que huir a Francia. |
| E | el golpe de Estado fue ilegal. |
| F | era llevar información a las trincheras. |
| G | le capturaron en la frontera. |
| H | ya no tenía familia. |
| I | estaba allí y vio a los heridos. |
| J | tuvo que sobornar a un funcionario. |

b) Ahora tú. Formula tres preguntas que tú le harías a Luis.

______________________________________________

______________________________________________

______________________________________________

______________________________________________

**4** Mira el cuadro de Pablo Picasso que demuestra el bombardeo de la ciudad de Guernica (en vasco: Gernika). En parejas, explicad lo que el pintor quería expresar. Recordad lo que contó Luis Ortiz en la tarea 3.

expresión oral

**El país y la gente**

En 1937 el ejército de Hitler, aliado de Franco bombardeó la ciudad **Gernika** en el País Vasco.
La propaganda franquista culpó a los partidos de izquierda de la masacre de esta ciudad. Pablo Picasso pintó su famoso cuadro en el que se representa lo que sucedió en este pueblo vasco. Hoy en día se puede ver el cuadro, de 7,76 metros de largo y 3,49 metros de alto, en el Museo Reina Sofía en Madrid.

## El exilio como consecuencia de la guerra

comprensión lectora

**1** Lee el texto de una mujer exiliada en México y marca si las frases son verdaderas o falsas.

| | v | f |
|---|---|---|
| **1.** Emiliana salió de su pueblo antes de que estallara la guerra. | | |
| **2.** Hasta ese momento Emiliana había tenido una vida tranquila. | | |
| **3.** Por la noche podía sentir la guerra cerca. | | |
| **4.** Su hermana, que tenía dos hijos, fue a buscarla para huir. | | |
| **5.** Antes de ir a Sabadell las hermanas vieron a su padre por última vez. | | |
| **6.** Las hermanas llegaron al Pirineo francés en coche. | | |
| **7.** Emiliana vivió toda su vida en Perpiñán. | | |

### Emiliana Claraco

*Por Daniel Díaz Mayorga, La agencia de la ONU para los refugiados*

La vida de Emiliana Claraco tomó un giro inesperado cuando tuvo que salir huyendo de Sangarrén, provincia de Huesca, España. Tenía 13 años y la guerra civil había estallado.

La vida en Sangarrén, donde apenas vivían 500 personas, era muy calmada. Emiliana acostumbraba dar de comer a los animales e ir al río por agua. Esa tranquilidad le fue arrebatada[1]. "Cuando íbamos a dormir se oían las ametralladoras[2], los tiroteos[3], estábamos en el mismo frente", recuerda.

A los 14 años llegó al pueblo aragonés de Caspe para encontrarse con su hermana, quien tenía dos hijos, de tres y de seis años. Los bombardeos les obligaron a huir del pueblo. Cada una cargó en brazos a uno de los pequeños, pensando que podrían encontrar seguridad en un lugar desconocido.

El cuñado[4] de Emiliana pasó por ellas en un auto y salieron todos hacia Lérida, donde se encontraron con el padre de Emiliana.

El señor Claraco se encargó de que en la mesa hubiera pan, conejo, pollo, tortillas de patata y pan. También se aseguró de entregarle ropa a su familia. El padre de Emiliana quería prolongar su estancia, pero tenía que recoger a su esposa en otro lugar. Partió de la estación de Lérida sin saber que sus lágrimas y las de sus hijas serían las testigos de ese último encuentro.

El siguiente destino fue Sabadell, donde vivían unos familiares. Se quedaron un mes y se fueron a Barcelona, donde Emiliana recuerda que no tenían para comer. Apenas llegaron y comenzó la invasión de Cataluña, por lo que nuevamente huyeron. Llegaron a Figueras, que también fue bombardeado. [...] Caminaron por la montaña con los niños en brazos, soportando el frío y luchando contra la nieve. Finalmente llegaron al Pirineo francés. [...]

Las cárceles fueron habilitadas con el propósito de albergar a quienes llegaran a la ciudad.

En febrero del siguiente año, los regresaron a Perpiñán, donde prepararon a Emiliana y a su familia para subirlos al barco hacia México.

[1] **arrebatar algo a alguien** *quitar*
[2] **la ametralladora** das Maschinengewehr
[3] **el tiroteo** der Schusswechsel
[4] **el/la cuñado/a** der Schwager, die Schwägerin

las frases condicionales irreales del pasado

GR p. 269

**2** ¿Qué le habría pasado a Emiliana si...? Formula frases condicionales.

Ejemplo: *Si no hubiera habido una guerra, Emiliana habría vivido toda su vida en su pueblo.*

*Si no hubiera comenzado la invasión de Cataluña,* ______

______

______

expresión escrita

p. 282

**3** Imagina que eres un/a joven que ha tenido que huir de España como Emiliana. Un año después escribes una carta a tus padres desde México en la que cuentas tu situación personal y tus deseos. También les haces preguntas sobre cómo es la vida en la España de la posguerra.

## La mujer durante el franquismo

**1** expresión oral

**a)** Mira el cartel y descríbelo con la ayuda de la información de *El país y la gente*.

**b)** ¿A qué trabajos femeninos crees que se refiere el texto? Escribe una lista con las tareas que tú crees que debían aprender las mujeres en las escuelas. Discutid los resultados en clase.

**c)** Habla con tu compañero/a y discute estas preguntas: ¿Cómo es la situación de la mujer hoy en día? ¿Se puede comparar con la situación de la mujer en esta época? ¿Por qué (no)?

**El país y la gente**

La **Escuela del Hogar y Profesional de la Mujer** fue una institución pública española para formar a mujeres jóvenes a desempeñar su papel de madres y esposas según los criterios de los ideales de la sociedad franquista. También se les ofrecía formación para desempeñar trabajos femeninos aceptados por la sociedad.

**2** vocabulario

Para su libro la autora, Charo Nogueira, recoge el cambio de las mujeres desde la dictadura y narra la historia de una pionera, Ana María Pérez del Campo, feminista en pleno franquismo. Lee esta descripción sobre el libro y complétala con las palabras de la casilla.

el adulterio[1] • (los) bienes • (el) despido • (la) adopción • el permiso
las labores del hogar • la emancipación • una cuenta corriente

El matrimonio era una institución "para toda la vida". No había alternativa. (1) ______ de la mujer era perseguido y castigado, por la ley y por la sociedad, mientras que el hombre podía tener relaciones extramatrimoniales sin demasiadas consecuencias. El hombre podía incluso decidir solo si daba a sus hijos en (2) ______, ¿increíble verdad?

La tarea de la mujer una vez casada era realizar (3) ______, porque casarse era razón de (4) ______ en el trabajo. Sin (5) ______ de la pareja la mujer no podía trabajar, ¡ni siquiera podía abrir (6) ______ en el banco! Tampoco poseía (7) ______ propios y (8) ______ de la mujer de la familia y posteriormente de su marido, era un sueño. Entonces aparece Ana María Pérez del Campo y todo empieza a cambiar...

[1] **el adulterio** der Ehebruch

**3** comprensión audiovisual WES-112672-005 p. 276

**a)** Mira el vídeo para conocer a Ana María Pérez del Campo y completa el texto con los datos.

El vídeo sitúa la historia de Ana María a partir de los años (1) ______. Ella fue una mujer que tardó (2) ______ años en anular su matrimonio. En el año (3) ______ fundó la primera asociación de mujeres separadas de España. También participó en (4) ______ en la creación de la ley del divorcio.

**b)** Explica con tus palabras qué es lo que hizo Ana María y por qué.

## El desarrollo económico

expresión oral p. 277

**1** a) Mira los carteles de los años 60 que se utilizaron para fomentar el turismo en España en el franquismo bajo el lema *Spain is different*. Busca en internet dos o tres carteles de campañas oficiales que se usan en la actualidad. Describe los carteles.

b) ¿Qué imagen de España se representaba antes y ahora? Hablad en clase.

comprensión lectora

**2** Otro de los símbolos del franquismo fue el modelo de coche SEAT denominado “seiscientos”. Fue un coche que marcó más de una generación. Lee la información de abajo y completa las frases.

1. El 600 era un símbolo de progreso económico porque ______
2. El precio del 600 era ______
3. Este automóvil se quería usar al principio para ______
4. La empresa SEAT tuvo que ampliar su fábrica ______
5. Con el tiempo el 600 ______
6. Gracias a este automóvil España se modernizaba y ______ también conducían.

### El 600 cumple 60 años

En 2017 fue el 60 cumpleaños del coche que simbolizó el desarrollo y la motorización de un país en el que hasta la fecha solo las personas o familias más ricas podían financiarse un automóvil.

El 27 de junio de 1957, la empresa de automóviles española SEAT comenzó la distribución y venta del modelo llamado “seiscientos” y costaba 73 500 pesetas (actualmente unos 442 euros). ¡En la época era una verdadera fortuna!

A pesar del precio, cada vez más familias empezaban a querer salir en coche los fines de semana y querían utilizar este modelo, por modesto que fuera. Como consecuencia y debido a la demanda, SEAT tuvo que ampliar su fábrica de Barcelona para poder hacer frente al reto de producir tantos coches tan rápido como fuera posible.

Con el tiempo la llegada de nuevos modelos hizo que, poco a poco, el seiscientos dejara de ser el modelo de coche familiar y pasara a ser un vehículo de ciudad. El 600 convirtió el coche en todo un símbolo de libertad y modernidad y fue también el coche de las primeras mujeres al volante.

## Un encuentro en el tren

**1** Lee el fragmento de la novela de Almudena Grandes y resume lo que pasa en el tren aquel día.

**2** Compara la situación de Nino con la del prisionero y examina cómo reacciona cada uno.

comprensión lectora p. 274

**3** Por la noche, Nino reflexiona en una entrada de su diario sobre lo que ha pasado en el tren. Redacta la entrada escribiendo sus pensamientos y sentimientos.

expresión escrita p. 285

### El lector de Julio Verne

*Por Almudena Grandes*

*Estamos en el año 1947. Nino es hijo de un guardia civil y después de unos días de visita en casa de la familia materna, regresa con su madre y sus hermanas al cuartel[1] de la Guardia Civil donde vive la familia. En el tren se sientan con unos guardias que llevan a un prisionero.*

El hombre que había viajado con nosotros en el tren de vuelta, también era moreno y delgado, pero estaba muy sucio. [...] De vez en cuando, sacaba un pitillo[2] del bolsillo del pantalón con la mano izquierda, se lo llevaba a la boca, pedía fuego con un gesto de la cabeza al guardia que iba sentado al lado de madre, y al mirarle me daba cuenta de que todo le temblaba[3], la mano, el brazo, los labios al chupar[4] de la boquilla. No dijo nada en todo el viaje. Tampoco miró nunca al guardia que iba de pie, a su lado, su mano derecha esposada[5] a la mano izquierda que asomaba bajo una manga[6] de color verde aceituna. Era un preso[7], o quizás no todavía, quizás acababan de detenerle y no había entrado aún en ninguna cárcel. [...]

—Necesito ir al servicio, Macario, no puedo más.

El guardia esposado interrumpió a su compañero, que iba charlando tranquilamente con mi madre, las manos libres, y él respondió moviendo la cabeza con un gesto de desánimo, para insinuar[8] un contratiempo que no alcancé a comprender.

—Aguanta[9] un poco, hombre —al hablar, lo hizo en un tono casi suplicante—. En la próxima estación...

—Que no, Macario, que no. Que me voy a mear encima. [...]

Entonces, Macario miró a su alrededor y sus ojos se detuvieron en mí.

—Yo no puedo sustituirte —le dijo a su compañero—, ya sabes lo que dicen las ordenanzas, aunque... En fin, si no puedes más, y al chaval no le importa...

—¡Qué le va a importar! —mi madre me miró, sonrió, y yo no entendí ni sus palabras ni su sonrisa—. Con lo amables que han sido con nosotros. Anda, Nino, ve...

—¿Adónde? —le pregunté, pero ella me empujó hacia delante sin decir una sola palabra más y antes de que pudiera darme cuenta, el guardia mayor ya había liberado a su compañero de sus ataduras[10] para esposarme al hombre que temblaba.

—No debería hacer esto, ¿sabe? —Macario se volvió hacia mi madre mientras yo empezaba a sudar[11] como nunca en mi vida—. Pero, en fin, en los servicios...

—No se preocupe, no hace falta que nos explique nada —madre seguía sonriendo, y yo sudaba, oía la respiración del prisionero y sudaba, notaba el tacto de su mano, el roce del puño de su camisa, y sudaba, me parecía escuchar los latidos[12] de su corazón y sudaba, sudaba tanto como si me estuviera secando por dentro—. Mi hijo ha nacido en una casa cuartel y no ha vivido nunca en otro sitio.

—Ya se le nota, no crea, tan formalito, tan obediente[13]... Y así se foguea[14], ¿no? —solo entonces, Macario empezó a hablar conmigo—. Porque tú, de mayor, querrás ser guardia civil, como tu padre, ¿o no?

—Todavía no sé lo que quiero ser de mayor —le respondí yo a Macario aquel día, y me di cuenta de que algo en mi manera de decirlo, quizás la entonación o el volumen, muy bajo, casi un susurro[15], hizo que el hombre esposado a mi izquierda me mirara. Yo también le miré, y me di cuenta de que era tan joven como el guardia que había ido al baño. [...]

—¡Pues guardia, hombre! —Macario se echó a reír, su prisionero cerró los ojos antes de volver a mirar por la ventanilla, y yo miré todavía el perfil de su cabeza, el pelo manchado de barro[16], pegado a la nuca, el cuello de su camisa blanca, tan sucia que parecía gris—. ¿Dónde vas a estar mejor?

Su compañero volvió del baño, y un instante después, yo volví a estar sentado entre mis hermanas, él esposado a su prisionero, como si no hubiera pasado nada. Sí había pasado, pero ya no importaba, porque estábamos en Jaén, porque habíamos vuelto a casa, y por eso, tampoco se lo conté nunca a mi padre.

---

1 **el cuartel** die Kaserne
2 **el pitillo** *el cigarillo*
3 **temblar** zittern
4 **chupar** saugen
5 **esposado/a** mit Handschellen gefesselt
6 **la manga** der Ärmel
7 **el preso** der Häftling
8 **insinuar** andeuten
9 **aguantar** aushalten
10 **la atadura** die Fessel
11 **sudar** schwitzen
12 **el latido** der Herzschlag
13 **obediente** gehorsam
14 **foguearse** sich abhärten
15 **el susurro** *voz muy baja*
16 **el barro** der Schlamm

## La muerte de Franco

comprensión lectora

p. 273

**1** a) La transición empezó con la muerte de Franco. Laura Freixas, novelista española, cuenta su experiencia. Léela y relaciona las frases con los fragmentos marcados del texto.

1. La muerte de Franco hace que España se pare. → líneas ____________
2. Por fin había terminado la guerra. → líneas ____________
3. Era la noticia más esperada pero se tenía miedo a lo que pasara después. → líneas ____________
4. La gente sentía que no iba a haber los cambios que prometían. → líneas ____________
5. Laura tenía miedo de no estar en España cuando Franco falleciera. → líneas ____________
6. No hubo cambios en la vida de la gente tras el fallecimiento de Franco. → líneas ____________
7. La abuela de Laura se alegró cuando Franco entró en Barcelona en 1939. → líneas ____________

b) Analiza la frase "Franco que parecía haber congelado España y a sí mismo en un eterno limbo" *(ll. 25-26)*.

c) Busca otra frase que te haya impactado/interese y coméntala con tu compañero/a.

### La muerte de Franco: un recuerdo personal

*Por Laura Freixas, Letras libres, 31 de enero de 2006*

Una mañana, al despertarme con la sensación de haber dormido mucho, miré el reloj y comprobé con extrañeza que en efecto, habían dado las diez. Salí de mi habitación y me encontré con mi madre, que me explicó sonriendo por qué no me había despertado: acababa de morir Franco y se habían suspendido[1] las clases.
No podía ser. ¿Había llegado, por fin, ese día, durante tantos años esperado, temido, calculado, imaginado...? La muerte de Franco era La Noticia por antonomasia[2]: si alguna vez me imaginaba viajando a un país lejano, siempre me hacía la misma pregunta: ¿y si muere Franco y no me entero?, o por lo menos, ¿y si se muere y no estoy en España? Por nada del mundo quería perderme ese día histórico; y ahora, aquí estaba. Ese Franco al que mi abuela había recibido con vítores[3] en las calles de Barcelona en 1939, porque su victoria —o la de cualquiera: le habría dado lo mismo que ganaran los otros— significaba que se habían acabado los tiros, el hambre, los bombardeos; [...] Ese Franco que era parte integrante, igual que las motos con sidecar o los teléfonos negros de baquelita con horquilla[4] y disco de marcar, del decorado inmutable de nuestra vida; ese Franco que parecía haber congelado[5] España y a sí mismo en un eterno limbo[6], ¿había terminado? [...] ¿Aquello que quienes vivían en el exilio, o en el "exilio interior", llevaban decenios esperando [...] años envejeciendo, perdiendo la juventud y la esperanza, marchitándose [...] ¿Y ahora qué?... Nuestros vecinos de rellano tenían las maletas hechas y todo preparado para huir al extranjero: como mucha gente, creían que en cuanto desapareciese Franco y su famosa "mano dura" la horda roja iba a bajar a la calle [...].
Pues no; qué raro: no pasaba nada. El tan esperado notición se había quedado en agua de borrajas[7]: Franco había muerto y todo seguía igual. En la televisión aparecían los mismos ministros y militares de siempre; [...] por las calles, nada nuevo tampoco, salvo que algunos, en las Ramblas, descorcharon alegremente botellas de champán [...] Pero entonces, en esos primeros meses, la sensación fue que nos querían dar gato por liebre[8]: hacer algunas concesiones de boquilla[9] —nada de legalizar los partidos políticos, por ejemplo: solo admitir unas vagas "asociaciones" dentro de las fronteras del Régimen— y perpetuar[10] el franquismo tal cual, con Juan Carlos en el lugar de Franco.

[1] **suspender** *anular, cancelar*
[2] **por antonomasia** *por excelencia*
[3] **el vítor** der Bravoruf
[4] **la horquilla** *hier:* der Gabelumschalter (Bauteil bei alten Telefonen)
[5] **congelar** einfrieren
[6] **el limbo** die Vorhölle
[7] **quedar en agua de borrajas** im Sande verlaufen
[8] **dar gato por liebre** *engañar, timar*
[9] **(hablar) de boquilla** das Lippenbekenntnis
[10] **perpetuar** bewahren

**2** **a)** Laura Freixas sigue contando su experiencia años después de la muerte de Franco. Lee el texto y describe los cambios con los que se encontró a su regreso de Francia.
**b)** Analiza la postura de la autora ante la España del año 1981 usando citas del texto.

comprensión lectora p. 272

Yo terminé la carrera y me concedí[1] a mí misma, con ayuda de mis padres —fue su regalo de fin de estudios— un año sabático en París. [...] Cuando volví a España en el verano del ochenta y uno, la metamorfosis se había consumado[2]. Resultó que a la hora de la verdad, la democracia, por muy "burguesa" que fuera, nos bastaba: nos contentábamos con votar cada cuatro años, poder casarnos por lo civil y divorciarnos, tener los mismos derechos mujeres y hombres y poder ver buen cine sin tener que viajar a Perpignan. Incluso quienes, como yo, seguíamos creyendo en alguna causa colectiva, en mi caso el feminismo, nos replegamos[3]: en vez de militar — [...]— nos dedicamos a desarrollar y aplicar esas ideas [...] en la profesión y en la vida personal de cada una. Y si algún ensueño revolucionario sobrevivía, el pintoresco intento de golpe de Estado encabezado en febrero de 1981 por un guardia civil de opereta, y el papel del Rey contribuyendo decisivamente a su fracaso[4], terminaron de convencer a quien tuviera dudas: la simple democracia era un tesoro y no estaba garantizada. La España a la que volví era una España pacífica, contenta de sí misma, próspera y democráticamente aburrida.

[1] **concederse** sich gönnen
[2] **consumar** vollenden
[3] **replegarse** sich zurückziehen
[4] **el fracaso** das Scheitern

**3** **a)** Lee la historia de Azucena y complétala con las conjunciones de la casilla.

las conjunciones

además • por eso • mientras • hasta que • pero • porque • tanto... como • ya que

Azucena Martín vivía en Madrid en 1978. Tenía 21 años y estaba casada. Ella quería ser maestra, (1) ____________ la situación económica en casa no lo permitía. (2) ____________, su padre pensaba que su futuro era casarse y para eso no se necesitaba estudiar. Azucena se casó con su primer novio y se quedaba en casa (3) ____________ su marido trabajaba. Él no quería tampoco que ella trabajara fuera de casa (4) ____________ eso significaría que él no podría alimentarla. (5) ____________ llegaron los hijos ella leía mucho, le encantaba (6) ____________ pintar (7) ____________ ir a museos. Azucena tuvo cuatro hijos en poco tiempo, (8) ____________ ya no tenía demasiado tiempo para ella. Veía con envidia las manifestaciones feministas (9) ____________ ella pensaba que se podía ser madre y mujer trabajadora. El tiempo le ha dado la razón.

**b)** Escribe qué cosas Azucena habría hecho diferentes si hubiera podido.

las frases condicionales irreales de pasado GR p. 269

*Si Azucena* ____________

____________

____________

____________

____________

____________

____________

____________

## La movida de los años ochenta

comprensión auditiva
**WES-112672-005**

p. 276

**1** El director de cine Pedro Almodóvar, fue uno de los representantes clave de la movida madrileña. Escucha y completa las notas con la información del audio.

1. Lugar de nacimiento: ______________________
2. Trabajo en Madrid: ______________________
3. Actividades culturales: ______________________
4. Año de fundación de su empresa: ______________________
5. Premios: ______________________
6. Tema de la película *Madres Paralelas*: ______________________

______________________

p. 290

**2** a) En parejas, mirad el cartel de la película *Mujeres al borde de un ataque de nervios* de Pedro Almodóvar y describidlo. ¿Pensáis que es una película moderna? ¿Por qué (no)? ¿Cuál creéis que puede ser el argumento?

b) Busca en internet más información sobre la película. Graba un mensaje de voz para tu amigo/a español/a contándole lo que sabes sobre la película y por qué (no) te gustaría verla.

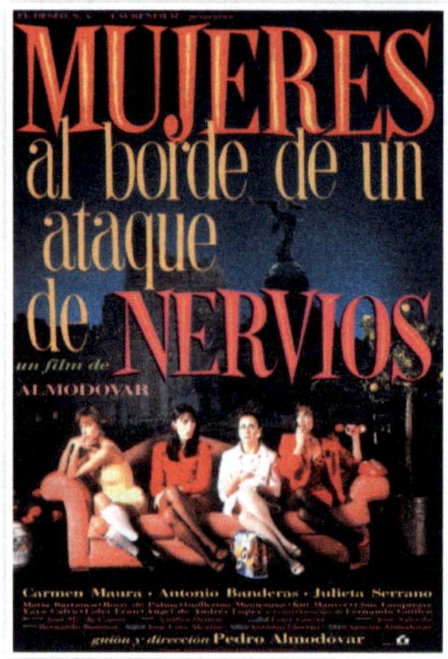


## La memoria histórica

los tiempos verbales del pasado

GR p. 264

**1** a) Completa el texto con los verbos de las casillas en pasado.

acudir • aparecer • asesinar • decidir • nacer • querer

La Asociación para la Recuperación de la Memoria Histórica (ARMH) (1) __________ en el mes de octubre del año 2000 cuando al abrir una fosa común en un pueblo leonés (2) __________ los restos de 13 republicanos civiles que un grupo de falangistas (3) __________. Ese día, muchas personas (4) __________ al lugar porque (5) __________ buscar a sus desaparecidos. Es por eso que un grupo de voluntarios y personas interesadas en el tema (6) __________ fundar la asociación.

ayudar • olvidar • perdonar • poder • suceder • votar

Antes de ese momento, nadie (7) __________ a las familias de los desaparecidos. Por el contrario, en 1977 representantes de todos los partidos políticos (8) __________ a favor de la Ley de Amnistía, una ley que (9) __________ los delitos en contra de los derechos humanos y (10) __________ a las víctimas. Sin embargo, hasta hoy la ARMH (11) __________ ayudar a muchas familias a recuperar los restos de sus seres queridos y a saber qué les (12) __________ a sus familiares.

b) Da tu opinión sobre la función de esta asociación usando frases como las de abajo.

el subjuntivo GR p. 254

| | | |
|---|---|---|
| La gente quiere que... | Es fundamental que... | Creo que... |
| No pienso que... | Nunca pensé que... | Fue importante que... |

**2** Le has contado a tu amigo que el día del proyecto vas a estar limpiando unas piedras llamadas "Stolpersteine", pero él no sabe a qué te refieres. Escríbele un e-mail en el que le expliques: qué son las piedras, quién las creó y por qué motivo, y cómo se financia el proyecto.

mediación p. 287

## Wie Stolpersteine an Opfer des Nationalsozialismus erinnern

*Norddeutscher Rundfunk, 30. November 2022*

Mit Stolpersteinen in Gehwegen erinnert der Kölner Künstler Gunter Demnig an die Opfer des Nationalsozialismus. Mehr als 90 000 Gedenksteine hat seine Initiative bereits in Europa verlegt, alleine in Hamburg sind es über 6000.

Es sind bescheidene Hingucker: die quadratischen, knapp zehn mal zehn Zentimeter großen Steine mit aufgeschlagenem Messingschild – eingelassen in den Gehweg. „Hier wohnte ESTHER GLANZ, geb. Buchen, JG. 1898, DEPORTIERT 1942, ERMORDET IN MAJDANEK".

Diese Daten sind in eine Messingplatte eingraviert, die in der Adelheidstraße in Kiel liegt – direkt daneben ein Stolperstein für ihren Mann Markus und ihren Sohn Joachim. Alle drei wurden von den Nationalsozialisten ermordet. Die Adelheidstraße war ihr letzter frei gewählter Wohnort. Diesen Ort wählt Demnig für alle Stolpersteine. Um die Schrift lesen zu können, muss man innehalten und sich bücken.

### „Mit dem Kopf und dem Herzen stolpern"

Erdacht hat die Stolpersteine der Kölner Künstler Gunter Demnig. Er wollte den Millionen Menschen, die von den Nationalsozialisten zu Nummern degradiert und ermordet wurden, ihren Namen und damit die Erinnerung an sie zurückgeben. „Ein Mensch ist erst vergessen, wenn sein Name vergessen ist", so Demnig.

Trotz des Namens Stolpersteine geht es dem 1947 geborenen Demnig nicht um ein tatsächliches Stolpern. In einem Dokumentarfilm des TV-Senders Arte sagte der Künstler: „Man stolpert nicht und fällt hin, man stolpert mit dem Kopf und mit dem Herzen."

### Stolpersteine auch in vielen Nachbarländern

Seit den 1990er-Jahren verlegt Gunter Demnig die kleinen Betonsteine mit Messingplatte, manchmal auch gegen Widerstand, anfangs ohne Genehmigung. Anlass für den ersten Stein war der 50. Jahrestag des Befehls von Heinrich Himmler zur Deportation der „Zigeuner". Den legte er 1992 vor das Kölner Rathaus.

Später entwickelte sich daraus das Projekt Stolpersteine, das aller Opfer gleichermaßen gedenkt: Juden, politisch Verfolgten, Roma und Sinti, Homosexuellen, Zeugen Jehovas und der Euthanasie-Opfer. Inzwischen finden sich die Steine in über 1800 Kommunen – insgesamt mehr als 90 000 Gedenksteine sind es in Deutschland und 25 weiteren europäischen Ländern, unter anderem in Österreich, Belgien, Frankreich, Polen, den Niederlanden und der Ukraine. Die Stolpersteine gelten inzwischen als das größte dezentrale Mahnmal der Welt. [...]

### 120 Euro pro Stolperstein

Das Geld für die Gedenksteine kommt durch Spenden beziehungsweise eine pauschale Aufwandsentschädigung zusammen. Bei der Recherche von Name, Geburtsjahr, Deportationsjahr und Ort sowie Angaben zum Schicksal helfen meist Geschichtsvereine, Archive, die Gedenkstätte Yad Vashem in Israel. Wer für einen solchen Stein die Patenschaft übernehmen will – pro Stein werden 120 Euro für die Herstellung und Verlegung berechnet, außerhalb von Deutschland kommen noch 10 Prozent dazu –, bekommt die nötigen Informationen auf der zentralen Stolpersteine-Website.

### Gemeinsame Putz-Aktionen im Frühjahr und an Gedenktagen

Wer das Projekt ohne Geld unterstützen möchte, kann sich beispielsweise daran beteiligen, die Stolpersteine zu reinigen und zu pflegen. Regelmäßig finden beispielsweise im Frühjahr gemeinsame Putz-Aktionen statt und auch an Gedenktagen. Das ist zum einen der 9. November, der Jahrestag der Reichspogromnacht. Die Nationalsozialisten hatten am 9. November 1938 zur Zerstörung jüdischer Geschäfte und Synagogen aufgerufen. In der folgenden Nacht brannten auch im Norden etliche Synagogen nieder, jüdische Läden wurden demoliert, Juden verschleppt und ermordet. Auch am internationalen Holocaust-Gedenktag, dem Jahrestag der Befreiung des KZ Auschwitz, finden in vielen Städten gemeinsame Putz-Aktionen statt.

### Eine App zum Gedenken an die NS-Opfer

Seit November 2022 führt auch eine App zu etlichen Stolpersteinen in Deutschland – eigeninitiativ und ohne Fördergelder entwickelt [...], um einen Beitrag zur Erinnerungskultur – gerade für die jüngere Zielgruppe – zu leisten, wie es in einer Mitteilung heißt. Zum Start von „Stolpersteine Deutschland" enthält die App bereits die Daten zu mehr als 20 000 Gedenksteinen in Hamburg, Hannover, Bremen und Köln und den persönlichen Schicksalen dahinter. Weitere Stoplersteine in weiteren Städten sollen sukzessive folgen.

**1** ¿Cómo se llaman las comunidades autónomas de España? Escríbelas en el mapa.

Andalucía • Aragón • Asturias • Cantabria • Castilla-La Mancha • Castilla y León • Cataluña • Comunidad Valenciana • Extremadura • Galicia • Islas Baleares • Islas Canarias • La Rioja • Madrid • Murcia • Navarra • País Vasco

comprensión lectora

**2** Lee el texto de la página 156 del libro y marca con una cruz si las frases son verdaderas o falsas.

| | v | f |
|---|---|---|
| **1.** En España hay una monarquía parlamentaria. | | |
| **2.** El presidente o la presidenta es el jefe/la jefa de Estado. | | |
| **3.** En España hubo una dictadura bajo el mando de Francisco Franco. | | |
| **4.** El presidente o la presidenta del Gobierno es elegido/a por votación parlamentaria. | | |
| **5.** Muchos de los jóvenes en España sufrieron por la crisis y no encuentran trabajo. | | |
| **6.** La pandemia no tuvo influencia en la economía española. | | |

vocabulario

**3** Describe las imágenes y dales un título.

A

B

C

p. 289

**4** Crea un mapa mental con el título *Cataluña*. Si necesitas más información, usa el texto de la p. 156 del libro.

## La organización del Estado

comprensión auditiva
WES-112672-006
p. 276

**1** a) Escucha el pódcast sobre la bandera española y marca con una cruz las respuestas correctas. Si es necesario, puedes escuchar el pódcast una segunda vez.

**1.** ¿Cómo se llama el pódcast?
- ☐ **a** "Preguntas y respuestas"
- ☐ **b** "Pregunta a Jaime"
- ☐ **c** "Resolvemos tus dudas"

**2.** ¿Quién es David Sánchez?
- ☐ **a** un experto en banderas
- ☐ **b** un oyente del pódcast
- ☐ **c** un profesor de Historia

**3.** ¿Desde cuándo existe la bandera actual?
- ☐ **a** 1977
- ☐ **b** 1981
- ☐ **c** 1938

**4.** ¿Por qué Carlos III cambió los colores de la bandera?
- ☐ **a** Porque eran sus colores favoritos.
- ☐ **b** Para poder distinguir mejor los barcos españoles de otros.
- ☐ **c** Porque quiso tener una bandera diferente a la que tenía el rey anterior.

**5.** ¿En qué lugar está documentado cómo debe ser la bandera española?
- ☐ **a** en la Ley Orgánica de Educación
- ☐ **b** en la Constitución española
- ☐ **c** en la Ley General de Sanidad

**6.** ¿Qué se ve en el centro del escudo[1]?
- ☐ **a** La flor de lis[2] que representa la dinastía de los Borbones.
- ☐ **b** Una rosa que representa la dinastía asturleonesa.
- ☐ **c** Un círculo azul con tres cruces que representan la religión católica.

**7.** ¿Dónde estaban las columnas[3] de Hércules según la mitología?
- ☐ **a** en Portugal
- ☐ **b** en Gibraltar
- ☐ **c** en el estrecho Gibraltar

**8.** ¿Qué representaban las columnas?
- ☐ **a** Ayudaban a los navegantes a ubicarse.
- ☐ **b** Eran un homenaje a la influencia griega en la cultura española.
- ☐ **c** Marcaban el límite de la tierra conocida.

**9.** ¿En qué idioma está el lema[4] en la columna?
- ☐ **a** en griego
- ☐ **b** en español antiguo
- ☐ **c** en latín

[1] **el escudo** das Wappen
[2] **la flor de lis** die Lilie
[3] **la columna** die Säule
[4] **el lema** das Motto

b) Escucha otra vez el pódcast y marca con una cruz los colores correctos.

| | amarillo | blanco | rojo | violeta |
|---|---|---|---|---|
| **1.** ¿Qué colores tenía la bandera española en el siglo XVI? | | | | |
| **2.** ¿Qué colores tenía durante el régimen de Carlos III? | | | | |
| **3.** ¿Qué color se añadió durante la Segunda República? | | | | |

## La mujer en la política

expresión oral

**1** **a)** Lee el título del artículo. ¿De qué crees que trata el texto? Formula hipótesis.
**b)** Hablad en clase. ¿Qué es el feminismo para vosotros/as?
¿Conocéis a alguna persona famosa feminista? ¿Os consideráis feministas? ¿Por qué (no)?

comprensión lectora
p. 272

**2** **a)** Lee el artículo y comprueba tu(s) hipótesis del ejercicio 1 a).
**b)** Describe la situación de las mujeres en la política en España.
**c)** Explica en tus propias palabras la cita siguiente de Vicente Castellanos *(ll. 44-48)*.

> "Yo me inclinaría a pensar que responden eso porque es algo que está de moda, es lo 'mainstream'. Hoy en día, ser feminista es socialmente correcto, tanto entre hombres como entre mujeres".

expresión escrita
p. 284

**d)** Escribe un comentario y discute si ser feminista se ha convertido en algo *mainstream*.

### ¿Es España el país más feminista del mundo?

*Por Berta Tena, El Confidencial, 8 de marzo de 2019*

A pocos días de celebrar el 8 de marzo, un estudio situó a España como uno de los países donde la creencia de la igualdad está más extendida. Sin embargo, hace solo dos años que el Día Internacional de la Mujer se celebra con actos multitudinarios[1]. También siguen escuchándose los términos 'feminazi' o 'feminista amargada' como recurso habitual para dirigirse a aquellas mujeres que expresan su disconformidad[2] ante la realidad patriarcal. Sin ir más lejos, desde la semana pasada, la organización ultraconservadora de ultraderecha HazteOir fletaba[3] un autobús con estos términos y con el lema[4]: 'No es violencia de género, es violencia doméstica'. Pues bien, entre toda esta maraña[5] de contradicciones, el último informe de Ipsos, empresa global que se dedica al estudio de mercados, personas y sociedad, señala que solo el 9 % de los encuestados considera que los hombres son más capaces que las mujeres en el desempeño[6] de tareas. [...]

¿Y el peso de la mujer en política? Según la base de datos de la Unión Interparlamentaria, la organización internacional de los parlamentos, actualizada el 1 de enero de 2019, España tiene en la Cámara Baja 144 mujeres, sobre un total de 350 asientos, lo que supone un 41 %. Mientras, en el Senado, la diferencia se amplía levemente: de un total de 266 asientos, solo hay 98 mujeres (37 %). En otras naciones con un sistema democrático semejante, las cifras incluso llegan a empeorar. En Reino Unido, el Parlamento y el Senado cuentan con un 31 % y un 26 % de mujeres, respectivamente. Suecia vuelve a colocarse[7] como el país más igualitario, al conseguir casi paridad[8] (47,3 %) en la Cámara.

Ante la pregunta de si se consideran a sí mismos feministas, el 63 % de los españoles cree que sí [...]. Este número se disgrega[9] entre el concepto que tienen los hombres y el que tienen las mujeres, pero sorprende que es casi el mismo (entre el 58 y 65 %). De esto se podría deducir que culturalmente es algo muy asentado[10] gracias a las iniciativas por parte de los colectivos e instituciones. Sorprendentemente, India se convierte en el país con el concepto de feminismo más extendido (83 %), mientras Alemania solo registra un 37 %. "Yo me inclinaría[11] a pensar que responden eso porque es algo que está de moda, es lo 'mainstream'. Hoy en día, ser feminista es socialmente correcto, tanto entre hombres como entre mujeres", afirma Vicente Castellanos, director del departamento de estudios sociales y opinión de Ipsos. [...]

En este mismo estudio, se evidencia que España es la nación, por detrás de Japón, Turquía e incluso Brasil, en que las mujeres sienten más evidente la lacra[12] de la desigualdad (73 %). Con respecto a otros países de la Unión Europea, esta cifra está muy por encima de Reino Unido, por ejemplo, con un 30 %; o Suecia, con un 26 %. "Yo creo que la sociedad española ha aumentado mucho su sensibilidad hacia la diferencia de género, pero esto es un estudio de opinión, no de hechos. El 8 de marzo de 2018 pudimos comprobar que España fue uno de los sitios con más impacto en la movilización social, la sociedad ha avanzado muchísimo. De ahí que ese dato sea tan alto", explica Castellanos.

Poniendo en valor lo desglosado[13], España se sitúa, a nivel europeo, pero también mundial, como una de las naciones que más han avanzado en materia de igualdad.

---

1 **multitudinario/a** *grande, con muchas personas*
2 **disconformidad** *aquí: no estar de acuerdo*
3 **fletar** *hier:* haben, verfügen
4 **el lema** das Motto
5 **la maraña** *aquí: el caos*
6 **el desempeño** die Ausübung
7 **colocarse** *hier:* belegen
8 **la paridad** die Gleichheit
9 **disgregarse** sich auflösen
10 **asentado/a** verankert, verbreitet
11 **inclinarse** zu etwas neigen
12 **la lacra** die Folgeerscheinung
13 **poniendo en valor lo desglosado** nach den folgenden Aussagen

**3** a) Describe la estadística que muestra el porcentaje de representación femenina en los parlamentos.
b) ¿Hay algo que te sorprende? Habla con tu compañero/a.
c) Hablad en clase. ¿Es un problema que en ningún país de la Unión Europea las mujeres sean mayoría en el congreso? ¿Por qué (no)? ¿Cómo se podría cambiar esto?

expresión oral p. 278

**Ningún país de la Unión Europea tiene mayoría de mujeres en el Congreso**
Procentaje de representatión femenina en los diferentes parlamentos

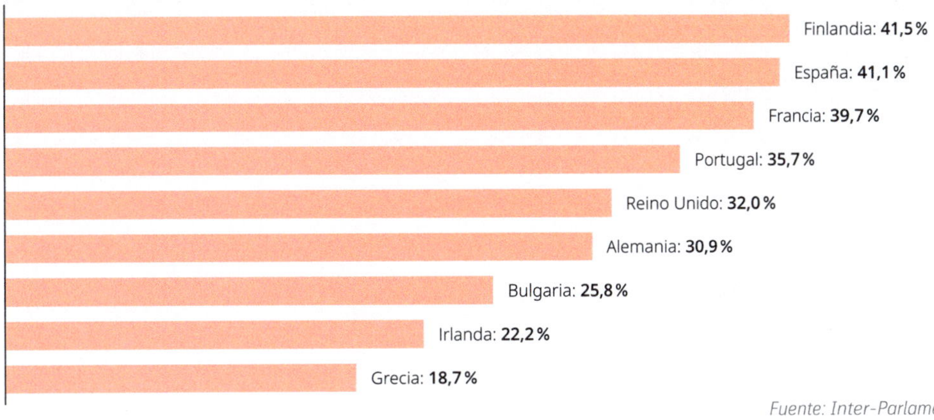


*Fuente: Inter-Parlamentary Union*

**4** a) Investiga sobre el origen del 8 de marzo y de cómo se celebra en tu país. Después, intercambiad vuestros resultados en clase.
b) Da tu opinión: ¿Piensas que es necesario que se celebre el día de la mujer o es algo de lo que se puede prescindir? ¿Por qué (no)?

p. 290

## España en la Unión Europea

**1** Completa el texto con las formas de los verbos en condicional compuesto.

el condicional compuesto GR p. 269

Hola, mi nombre es Julie, tengo 20 años y soy de Avignon, Francia. En el año 2021 yo quise estudiar en Andalucía y aprender literatura española estando ahí. Pero debido a la pandemia, no pude hacerlo y tuve que estudiar *online*.

A pesar de que pude cursar las materias de este semestre, (1) me ______ (gustar) conocer a mis profesores y compañeros en vivo y no solo a través de la cámara. Si la COVID-19 no se hubiera propagado en todo el mundo, (2) ______ (conocer) la cultura y (3) ______ (disfrutar) de la sabrosa comida andaluza. Además, (4) ______ (visitar) lugares turísticos como Granada, Sevilla y Córdoba y (5) ______ (probar) la comida típica, como el jamón ibérico y la paella. Me (6) ______ (hacer) amiga de estudiantes de todo el mundo y más importante todavía para mí: (7) ______ (conocer) Nerja, el lugar de nacimiento de mis antepasados.

Si no se hubiera suspendido el intercambio, (8) ______ (practicar) deportes al aire libre como el senderismo, esquiar y (9) ______ (aprender) a surfear. También (10) ______ (participar) en fiestas y eventos culturales y seguramente (11) ______ (tomar) clases de flamenco. Aun así, espero poder cumplir mi sueño de conocer Andalucía en el futuro.

## La capital de Cataluña

comprensión lectora

**1** **a)** Estás en Barcelona con tu curso de español. Todavía no tenéis planes para la noche. Formad grupos de tres. Cada persona lee uno de los textos 1-3 y apunta aspectos de su plan nocturno en Barcelona en la tabla.
**b)** Presenta tus ideas al grupo y anota los aspectos clave de los otros planes.

| **Planes nocturnos en Barcelona** | |
|---|---|
| Texto 1 | |
| Texto 2 | |
| Texto 3 | |

expresión oral

**2** Elegid en grupo vuestro plan favorito. Después, presentad el resultado con argumentos a favor y en contra de los diferentes planes para convencer al resto del curso.

Así se dice

Hemos elegido el plan... porque...
Nuestro plan nocturno favorito es...
Para nuestro grupo el plan... es el más razonable porque...
Como queremos..., preferimos...
Nos convence el plan de... ya que...

### 1 Noches de discoteca

Si te encanta salir de fiesta y bailar, no puedes perderte la gran oferta de discotecas y salas de fiesta que puedes encontrar en Barcelona. Reguetón, tecno, pop, rock, trap... independientemente de cuál sea tu estilo de música favorito, en la Ciudad Condal[1] siempre encontrarás la discoteca que desees. Muchos turistas visitan la ciudad no solo por sus monumentos, sino también para disfrutar de sus fiestas nocturnas. Algunas de las salas de fiesta más reconocidas son: Razzmatazz, Pacha, Shoko... y esto no es todo porque algunas de estas salas crean eventos, espectáculos y fiestas temáticas según las necesidades de los clientes. Así que si quieres celebrar un cumpleaños de forma especial o una graduación, aquí puedes encontrar un lugar que se adapte a ti.

### 2 Noches de terror

Si no eres una persona fiestera, pero disfrutas de las pelis de terror y todo lo relacionado con el mundo de los espíritus, fantasmas y los fenómenos paranormales, ¡no te preocupes! porque también puedes encontrar algo especial para ti. Existe una oferta de tours o paseos durante la noche, en los que puedes acompañar a un/a guía a recorrer las calles de la ciudad mientras te cuenta las leyendas e historias más lúgrubes[2] y tenebrosas[3] del lugar. Esta es, sin duda, una curiosa forma de conocer los detalles de la Barcelona más misteriosa.

### 3 Noches de comida y música

Pero si tú lo que verdaderamente disfrutas cuando viajas es de la gastronomía, la cultura y el ambiente nocturno, estás de enhorabuena porque la oferta de bares y restaurantes disponibles en la ciudad es inmensa. Porque... qué mejor manera de deleitarse[4] los sentidos que disfrutar degustando algunos platos de las cartas de los restaurantes o de tomar unas cervezas en la barra de un bar mientras escuchas música en directo.

[1] **la Ciudad Condal** Barcelona
[2] **lúgrube** düster
[3] **tenebroso/a** *misterioso/a*
[4] **deleitar** Vergnügen bereiten

## La riqueza lingüística

**1** a) Mira el vídeo sobre el origen del español y la situación lingüística en España y marca con una cruz si las siguientes frases son verdaderas o falsas.

comprensión audiovisual
**WES-112672-006**
p. 276

| | v | f |
|---|---|---|
| **1.** El español es la cuarta lengua más hablada del mundo. | | |
| **2.** Cuando las personas vivían en poblaciones separadas, surgían nuevas lenguas. | | |
| **3.** El castellano es una lengua indoeuropea. | | |
| **4.** Los Reyes Católicos invitaron a los árabes a la península. | | |
| **5.** El español del Siglo de Oro se llama catalán. | | |
| **6.** La "s" se pronuncia de forma diferente en las distintas partes del mundo hispanohablante. | | |

b) ¿De qué lenguas vienen las palabras siguientes? Relaciona las expresiones de la columna de la izquierda con las lenguas correspondientes. La primera respuesta ya está hecha y sirve como modelo.

| 1 | 2 | 3 | 4 | 5 | 6 | 7 | 8 | 9 |
|---|---|---|---|---|---|---|---|---|
| B | | | | | | | | |

**1.** ser y estar, el gancho, la colmena
**2.** el barranco
**3.** izquierda, (el) chaparro
**4.** la guerra, el yelmo
**5.** la almohada, el aceite, el ajedrez
**6.** el tamal, el chicle, el tomate, la tiza
**7.** la barbacoa, la hamaca, la canoa
**8.** la papa, el gaucho, el cóndor

**A.** ibérico
**B.** celta
**C.** mozárabe
**D.** náhuatl
**E.** vasco
**F.** germánico
**G.** quechua
**H.** taíno

c) Mira otra vez el vídeo y contesta a las preguntas.

**1.** ¿De dónde surgió el idioma español?

______________________________

**2.** ¿Cómo llegó al territorio español?

______________________________

**3.** ¿Cómo llegó a América?

______________________________

**4.** ¿Por qué en Latinoamérica se pronuncian la "c" y la "z" diferentes que en España?

______________________________

**2** a) Lee el Estatuto en la página 167 del libro y termina las frases.

comprensión lectora

**1.** En las oficinas y canales de televisión es normal que se hable en ______________.

**2.** Todas los catalanes deben saber hablar ______________ y ______________.

**3.** El artículo 32 del Estatuto garantiza que ninguna persona ______________.

b) Explica con tus propias palabras el papel del catalán en el día a día en Cataluña.

mediación

p. 287

**3** A un amigo español le gustaría participar en un intercambio de estudiantes y viajar a Cottbus en Brandeburgo para vivir con una familia anfitriona allí. Ha oído que la situación lingüística es parecida a la de Cataluña. Por eso te pregunta si puedes explicarle el caso del idioma "sorbio" en Brandeburgo. Escríbele un e-mail a tu amigo presentándole la situación con el "sorbio" y el significado político y social que tiene para los habitantes en Brandeburgo.

## Minderheitenschutz: Eltern kämpfen für Sorbischunterricht

*Von Marion Kaufmann, Der Tagesspiegel, 15. Februar 2018*

Potsdam/Kolkwitz– Kathleen Komolka hat die Sprache ihrer Groß- und Urgroßeltern nicht in der Schule gelernt. Als sie Kind war, sagt die 38-Jährige, sei das nicht möglich gewesen. „Es war eine Zeit, da hat man sich geschämt, auf der Straße Sorbisch zu sprechen", sagt sie. Heute sei das zum Glück anders. Drei ihrer vier Töchter lernen bereits die Lieder, die einst Komolkas Großmutter sang.

Sie besuchen zweisprachige Kindergärten und Schulen in der Lausitz. Die älteste Tochter der Familie aus Kolkwitz wechselt nun an das Niedersorbische Gymnasium in Cottbus. Kathleen Komolka will, dass auch ihre jüngste, erst fünf Monate alte Tochter später Sorbisch lernen kann. Deswegen kämpft die Mutter mit rund 20 Mitstreitern dafür, dass diese Möglichkeit in Brandenburg erhalten und nicht wie vom Bildungsministerium angestrebt eingeschränkt wird.

Mehr als 34000 Unterschriften haben die Eltern für ihre Onlinepetition auf der Plattform „Change.org" bekommen. Zum Vergleich: Die wirkungsvolle, von Eltern initiierte Onlinepetition für beitragsfreie Kitas im Land fand 2015 rund 13000 Unterstützer. Am Freitag nun wollen die Lausitzer Eltern in Cottbus ihre Petition an drei Abgeordnete des Europäischen Parlaments aus anderen Ländern übergeben, die sich zum Thema Sorben und Wenden in der Region informieren. Denn ihre Forderungen sind noch nicht ganz erfüllt.

Einen Teilerfolg haben die Eltern schon errungen. Die ursprünglich vom Ministerium avisierte Mindestgröße für Lerngruppen in Sorbisch/Wendisch wurde bereits abgemildert. Zunächst sollte ab dem Schuljahr 2019/20 nur noch Unterricht in sorbisch/wendischer Sprache erteilt werden, wenn mindestens zwölf Schüler zusammenkommen. Die aktuell gültige Sorben/Wenden-Schulverordnung, die keine Mindestgruppengröße vorsieht, ist seit dem Jahr 2000 in Kraft und wird überarbeitet.

Vergangenen April befasste sich der Landtag mit einem gemeinsamen Antrag von CDU und Bündnis 90/Die Grünen zum Erhalt der Sprache der nationalen Minderheit, der in Brandenburg rund 20000 Menschen angehören. Beide Fraktionen forderten, dass eine Mindestgröße für die Einrichtung von Lerngruppen nicht zu deren Abbau führt. Der Antrag wurde abgelehnt.

Stattdessen wurde ein kurzfristig eingebrachter Antrag von Rot-Rot angenommen, der eine Orientierung an der Mindestgröße der Lerngruppen in Sachsen vorsah. Dort sind es fünf Schüler. Ab dem kommenden Schuljahr sieht die entsprechende Verwaltungsvorschrift nun eine Bandbreite von fünf bis 15 Schülern für die Errichtung einer Lerngruppe vor, wie Ministeriumssprecher Ralph Kotsch auf Anfrage mitteilt. „Damit soll für alle Seiten Planungssicherheit erreicht werden", so Kotsch. Mit dem Staatlichen Schulamt in Cottbus sei vereinbart, dass Abweichungen mit dem Ministerium beraten werden. Ziel sei es, möglichst flexibel auf den Bedarf vor Ort zu reagieren.

Den Eltern reicht das nicht. „Wir wollen einen freien Zugang zum Sprachunterricht ohne Mindestzahl", erklärt Kathleen Komolka. Das bedeute nicht, dass für ein einziges Kind Sorbisch angeboten werden müsse, die Eltern seien durchaus bereit, zu bestimmten Schulen zu fahren, wenn es nötig sei. Aber überhaupt Vorgaben beim Zugang zur Sprache zu machen, ist aus Sicht der Initiative nicht legitim, weil die Sorben eine durch die Brandenburger Verfassung geschützte Minderheit sind. „Für uns Familien hängt viel Herzblut daran", sagt Kathleen Komolka. Die Traditionspflege wolle man sich nicht durch Verwaltungsvorschriften erschweren lassen. Zuspruch für ihr Anliegen fänden die Lausitzer auch durch Angehörige anderer Minderheiten im Ausland oder durch Zugezogene wie Starkoch Jörg Thiele, der länger in Spanien gearbeitet habe und und von dort die Lage sprachlicher Minoritäten kenne.

Laut Bildungsministerium nehmen derzeit 1683 Schüler an 20 Grundschulen, zwei Oberschulen sowie am Niedersorbischen Gymnasium und am Oberstufenzentrum Cottbus am Unterricht in Sorbisch/Wendisch teil. Im Schulamt Cottbus sind 69 Sorbisch-Lehrer beschäftigt.

**4** Describe la foto y el cartel de una manifestación en Barcelona en el año 2022. ¿Cuál es el mensaje?

expresión oral

**El país y la gente**

En enero de 2022, el Tribunal Superior de Justicia de Cataluña (TSJC) votó a favor de impartir un mínimo del 25 % de las materias en español en todas las escuelas de Cataluña.
Esta sentencia generó en la población catalana diferentes tipos de reacciones ante la nueva realidad.

**5** a) Lee el texto (pp. 75-76) y presenta la situación del catalán entre los jóvenes.
b) Explica cómo hablan los jóvenes en las redes sociales y qué lengua les identifica.
c) Opina sobre la cita siguiente: "Primero me esforzaba y les hablaba en castellano, pero creo que no tengo que minorizar mi lengua y al final me he acostumbrado a responderles en catalán". *(ll. 58-61)*
d) Crea un *post* sobre el uso del catalán o del español en las redes sociales en Cataluña. Usa *hashtags*.

comprensión lectora

p. 272

## El catalán que (no) hablan los jóvenes

*Por Laia Vicens, Diario ARA, 23 de enero de 2021*

Los estudios alertan[1] de que el catalán pierde fuerza entre los jóvenes. El ARA reúne a chicos y chicas de entre 12 y 18 años para que expliquen cuánto y con quién hablan en catalán, qué referentes[2] audiovisuales tienen (y a cuáles echan en falta) y qué propuestas hacen de cara al futuro. [...]

La chica de pueblo que habla siempre en catalán, el adolescente del área metropolitana que apenas lo utiliza para dirigirse a algún profesor del instituto o el joven que mezcla el catalán y el castellano sin darse cuenta. En una pantalla de ordenador caben muchas Catalunyas. Por ejemplo, la de Melissa, que desde su habitación en L'Hospitalet de Llobregat explica que "siempre" habla en castellano, tanto con los amigos como con sus padres, nacidos en Ecuador y que "no entienden mucho el catalán". O la de Clara, de Roda de Berà, que habla en catalán con la familia y en castellano con las amigas. Y la de Júlia, que tiene 14 años y vive en Guixers, un pequeño pueblo entre Berga y Solsona, y que prácticamente solo habla en castellano las tres horas de clase en el instituto. Son solo algunos ejemplos de los testimonios de adolescentes que ha reunido el ARA, con la colaboración de Fundesplai, para debatir sobre sus usos lingüísticos.

La conversación, que se hizo íntegramente en catalán y con representantes de diferentes zonas y realidades del país, deja algunas pistas clave: la mayoría –no todos– asocian el catalán a una lengua académica y formal, muchos la hablan en el aula pero no en el patio, y casi todos echan en falta referentes –ellos hablan de *influencers*– que se comuniquen en catalán de manera natural.

**La mayoría mezclan el catalán y el castellano en función del contexto**

La *Enquesta d'Usos Lingüístics* de 2018 –el estudio se hace cada cinco años– revelaba un dato alarmante: el uso habitual del catalán se ha estancado[3] desde el 2008. Después de la fuerte bajada de 10 puntos –del 46 % del 2003 al 35,6 % del 2008–, fruto de la oleada migratoria de finales de los noventa y principios del 2000, no se ha conseguido recuperar el porcentaje de gente que usa habitualmente el catalán, que ahora es de un 36,1 %. En la conversación con los jóvenes, hay pocos que lo utilicen en todas las esferas de su vida. Uno de los pocos casos es Júlia: "En mi entorno[4] todo el mundo habla en catalán, y si no fuera por lo que nos explica mi profesora de catalán, pensaría que el catalán es la lengua más hablada en Catalunya. A pesar de que yo no lo vea, soy consciente de que está en riesgo, en crisis", afirma.

Àgueda, que también vive en un pueblo, pero en este caso del Alt Empordà, es un caso parecido: "Cuando fui al instituto me chocó mucho que los compañeros hablaran entre ellos en castellano, porque yo toda la vida había hablado en catalán. Primero me esforzaba y les hablaba en castellano, pero creo que no tengo que minorizar mi lengua y al final me he acostumbrado a responderles en catalán", dice.

De hecho, el estudio de la *Generalitat* detecta[5] una tendencia creciente de los usos lingüísticos combinados: un 42 % usan de manera compartida el catalán y el castellano. Es el caso de Abril, que habla castellano en casa y catalán con algunas amigas, o

[1] **alertar** alarmieren, warnen
[2] **los/las referentes** *hier:* Influencer
[3] **estancarse** stagnieren
[4] **el entorno** *hier:* der Familien-/Freundeskreis
[5] **detectar** *descubrir*

de Clàudia, que usa el catalán con su padre y con los profesores y el castellano con su madre. ¿Y con los amigos? Con los amigos "depende", dice. Los chicos y chicas aseguran que cambian en función del contexto. Por ejemplo, si se han conocido en la escuela o en los campamentos es probable que hablen en catalán, pero si saben que sus familias son castellanoparlantes pasan al castellano sin darse cuenta. El otro extremo son los adolescentes que prácticamente solo hablan en catalán dentro del aula, con los profesores. Por ejemplo, el caso de Aitor, de Polinyà, y de Noa, de Cornellà, que hablan en castellano con la familia y con todos sus amigos. "Pero a veces los profesores me contestan en castellano", matiza Noa.

El porcentaje de personas que tenían el catalán como lengua habitual en 1998 llegaba al 45,3 %. El retroceso[6] ha sido evidente, y sobre todo es más acusado entre los jóvenes: solo el 19,6 % de los barceloneses de entre 15 y 29 años tienen el catalán como lengua de uso primero, cosa que significa una caída de más de 10 puntos en solo 5 años.

**_Instagram_ o _Twitter_ son un reflejo[7] de su vida privada**

Evidentemente, estas diferencias lingüísticas se reflejan en las redes sociales. Selma, del Vendrell, "nunca" ha puesto ninguna frase en catalán en sus redes sociales. En cambio, Júlia nunca ha escrito nada en castellano. "Las redes sociales me definen y no pongo nada en castellano porque tampoco me siento identificada", argumenta. También hay una tercera vía[8], como Lluís. Habla en catalán en su vida privada, pero tiene en cuenta a quién se dirige cuando tiene que dirigir algún mensaje en público: "En *YouTube*, como es más internacional, utilizo el castellano, y en cambio en las redes sociales de los amigos, como *Instagram*, utilizo el catalán".

[6] **el retroceso** der Rückgang
[7] **el reflejo** *la muestra*
[8] **la vía** *el camino*

## Movimientos de independencia

**1** Un programa de televisión os ha invitado para debatir sobre la situación de Cataluña bajo el título "La situación política y lingüística en Cataluña: ¿independencia o convivencia?" Eres una de las personas que participa en el debate: ¿Qué opinas sobre la independencia y la riqueza lingüística en Cataluña?

**a)** Repartid los roles de abajo entre el curso. Después, sentaos en vuestro grupo correspondiente y tomad apuntes sobre los siguientes aspectos para preparar vuestro papel:

- Tu información personal. ¿Cómo eres (aspectos principales de tu carácter)?
- ¿Cómo vives la situación lingüística? ¿Por qué te interesa el tema?
- ¿Qué opinas del modelo lingüístico educativo?
- ¿Se debe fomentar el catalán?
- Qué quieres: ¿independencia o convivencia?

**b)** Apuntad el vocabulario y los argumentos que os parezcan útiles para los demás. ¿Qué piensas sobre los invitados? ¿Cuáles son las preguntas que quieres que haga el público? ¿Qué argumentos tienes? ¿Qué quieres mencionar? Al final, repasad vuestros apuntes en una ficha aparte.

expresión oral

p. 279

**2** **a)** Elegid dos personas de cada grupo que participen en el debate. Los/las demás son periodistas y tomarán los argumentos de otro grupo indicado.

**b)** Haced el debate. Los/las dos moderadores/as llevarán la discusión durante el debate.

**el/la moderador/a**
Moderas y estructuras el debate.
Inventa posibles preguntas o apunta palabras clave sobre los temas de los que quieres hablar con tus invitados/as.

**un/a estudiante de Perú**
Hablas sobre tu experiencia en Cataluña como estudiante y sobre el bilingüismo en la educación.
Estás en contra de la independencia.

**el/la lingüista**
Hablas sobre las lenguas oficiales de España (¿Cuáles son? ¿Dónde se hablan?) y sus características.
Estás en contra de la independencia.

**el/la abogado/a**
Explicas los derechos y deberes de las comunidades autónomas según la Constitución y según el Estatuto.
También piensa en la historia lingüística de España.
No tienes opinión fija.

**el/la político/a del partido no independentista**
Explicas tu posición y la situación política y económica dentro de España. Apoyas el uso de ambas lenguas y estás en contra de la independencia.

**el/la político/a del partido independentista**
Explicas las medidas de la política lingüística de Cataluña para apoyar el uso del catalán y estás a favor de la independencia.

## La historia de Andalucía

**1** Completa el texto con las formas correctas del pasado.

los tiempos verbales del pasado

GR p. 264

Andalucía es una región con mucha historia. Hace más de 7000 años (1) ________ (llegar) las primeras civilizaciones al territorio. Los griegos y los romanos (2) ________ (ser) dos de las civilizaciones más conocidas. La región (3) ________ (ser) atractiva para ellos por su riqueza y su ubicación estratégia entre el océano Atlántico y el mar Mediterráneo.

A principios del siglo VIII los árabes (4) ________ (conquistar) gran parte de la península ibérica. Su larga estadía de casi 700 años (5) ________ (tener) mucha influencia en el territorio andaluz. En este periodo (6) ________ (darse) un gran avance tanto en el ámbito social, cultural y económico, como en la ciencia. Este momento se caracteriza además por la tolerancia religiosa, ya que musulmanes, cristianos y judíos (7) ________ (convivir) pacíficamente. Esto (8) ________ (durar) hasta el año 1492, cuando en la Reconquista, los Reyes Católicos (9) ________ (ganar) varias batallas importantes contra los árabes y los (10) ________ (hacer) retroceder hacia el continente africano, imponiendo la religión católica a los habitantes que (11) ________ (querer) quedarse en Andalucía.

Después de la guerra civil española, (12) ________ (realizarse) los primeros intentos de modernizar la industria. Pero no (13) ________ (resultar) los esfuerzos de manera satisfactoria, ya que la tierra (14) ________ (pertenecer) a una élite pequeña de propietarios mientras la mayor parte de la población (15) ________ (trabajar) en la agricultura sin recibir un salario justo. Durante la dictadura de Franco no (16) ________ (solucionarse) este problema y muchos andaluces (17) ________ (verse) forzados a emigrar.

Después de la muerte de Franco (18) ________ (instaurarse) la democracia y en 1981 Andalucía (19) ________ (declararse) comunidad autónoma, restaurando su imagen y mejorando su economía, gracias al turismo.

## Vivir en Andalucía

**1** Escucha el audio sobre el abanico y contesta a las preguntas en pocas palabras.

comprensión auditiva
WES-112672-006

p. 276

1. ¿Por qué se hizo popular el abanico en Andalucía?

________

2. ¿Quiénes usaban el abanico al principio?

________

3. ¿Qué significaba cuando se abría el abanico con la mano izquierda?

________

4. ¿En qué lugares se fabrican todavía los abanicos?

________

## El pueblo gitano

expresión oral

**1** **a)** Describe los carteles y analízalos teniendo en cuenta los siguientes aspectos: los destinatarios, la estructura (el eslogan, el texto, la imagen) y la intención.
**b)** Explica el rol/la posición de la mujer en el pueblo gitano relacionando estos carteles con tus conocimientos sobre el pueblo gitano (la familia, las tradiciones, la educación).
**c)** ¿Piensas que los carteles tienen un impacto en la comunidad gitana? ¿Cuál? Comenta.

A

B

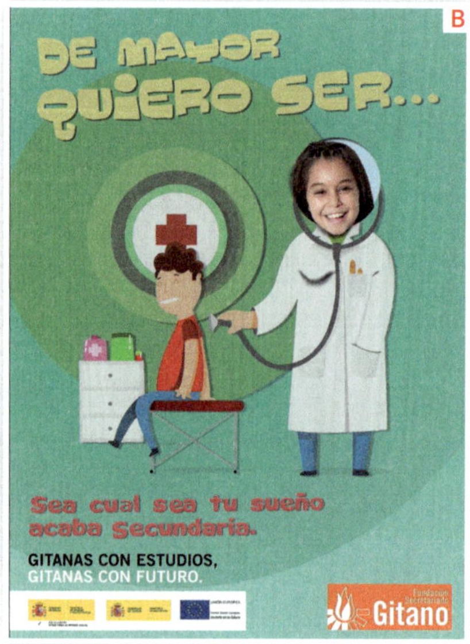


*Fuente: Campaña de sensibilización de la Fundación Secretariado Gitano: De mayor quiero ser..., 2010-11. www.sensibilizaciongitanos.org*

## El turismo en Andalucía

el subjuntivo
GR p. 253

**1** **a)** Completa las frases con formas del subjuntivo.

**1.** Si quieres conocer Andalucía a tu manera, te recomiendo que no ____________ (llevar) tu guía turística a todos lados y que tampoco ____________ (buscar) mucha información en internet y que ____________ (dejarse) llevar.

**2.** Si piensas viajar a Andalucía, lo mejor es que ____________ (informarse) del clima para tus fechas porque en verano hace mucho calor. Sobre todo a lo largo del mediodía es cuando hace más calor. Durante estas horas es aconsejable que ____________ (quedarse) en casa y que ____________ (aprovechar) estas horas para una siesta.

**3.** Es conveniente que ____________ (saber) hablar un poquito de español a pesar de que en las ciudades grandes encontrarás mucha gente que habla inglés.

**4.** Si tienes la oportunidad, es recomendable que ____________ (irse) a un festival para probar la comida andaluza y disfrutar de la música típica. Si amas la gastronomía, te recomiendo que ____________ (probar) los platos típicos de la región.

**5.** Si te gusta estar en el campo y la naturaleza, se sugiere que ____________ (irse) al Parque Natural de Despeñaperros y ____________ (disfrutar) de la tranquilidad y de sus paisajes increíbles.

b) Termina las frases y dales recomendaciones a un grupo de amigos/as acerca de Andalucía. Usa expresiones para dar consejos (p.ej. *es recomendable que, es conveniente que*...) y los verbos en subjuntivo.

1. Si os gusta la historia, ______________________
2. Si os interesa la arquitectura, ______________________
3. Si buscáis hacer deporte, ______________________
4. Si preferís la playa, ______________________
5. Si disfrutáis del arte y de la cultura, ______________________

**2** Pablo está pensando en irse a Alemania de vacaciones. Escríbele un e-mail recomendándole actividades y lugares que te parezcan interesantes. Usa el subjuntivo.

el subjuntivo
GR p. 253

**3** Eres un/a *influencer* de viajes en las redes. Escribe una entrada de blog contando de tu viaje a Andalucía. Usa las fotos de abajo y la información del libro.

expresión escrita
p. 284

## El lince ibérico

**1** Describe las imágenes. ¿Cuál podría ser el problema?

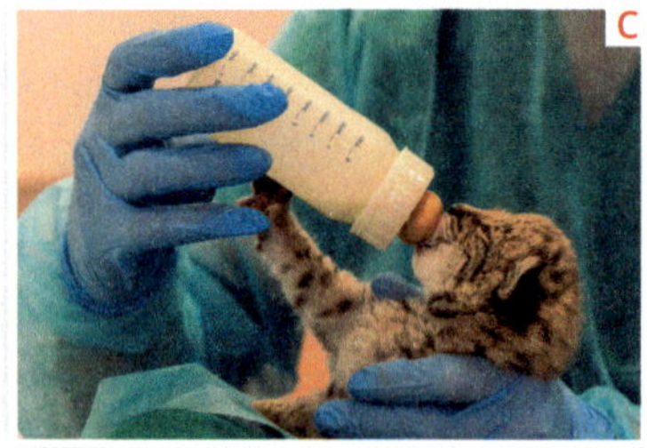


comprensión lectora

**2** Lee el texto y presenta la situación del lince ibérico en Andalucía.

**3** Explica qué medidas ayudaron para que se restableciera la población de linces.

expresión escrita p. 284

**4** Redacta una entrada para un blog de viajes a Andalucía y discute si el ecoturismo es una forma adecuada de proteger las especies en peligro de extinción. Opina también qué te parece que el lince se haya convertido en una atracción del ecoturismo.

### Sierra Morena, el mirador ecoturístico del lince[1] ibérico

*Ecoturismo, 25 de enero de 2022*

Actualmente hay 1111 linces en libertad entre España y Portugal, según el último censo del Ministerio para la Transición Ecológica y el Reto Demográfico.

Si hablamos de un felino[2] de tamaño mucho mayor que un gato doméstico que se caracteriza por su aspecto robusto, sus patas largas y su cola corta con una borla negra en el extremo y que suele mantener erguida batiéndola en momentos de peligro o excitación, efectivamente, estamos hablando del lince ibérico.

A punto de desaparecer cuando el siglo XX agonizaba, confinado en dos poblaciones aisladas de apenas 98 individuos. Desde entonces la población de lince ibérico no ha dejado de crecer hasta convertirse en la estrella más salvaje del ecoturismo ibérico. La sierra de Andújar (Jaén), en plena Sierra Morena, ha sido el baluarte[3] para su conservación y por eso ahora es el mejor lugar del mundo donde practicar ecoturismo para observar [al lince] en libertad.

Conseguir que se reprodujera en cautividad[4], mejorar las poblaciones de conejo que supone el 90 % de su dieta y reintroducirlo al [...] monte mediterráneo de Sierra Morena, para lo que resultaba imprescindible[5] conseguir la valiosa colaboración de propietarios del territorio, tanto entidades públicas como fincas privadas, han sido las claves para que actualmente haya 1111 linces ibéricos en libertad entre España y Portugal, según el último censo del Ministerio para la Transición Ecológica y el Reto Demográfico.

Tan exitosas han sido las acciones de conservación desarrolladas durante 22 años, en las que no ha faltado la eliminación de venenos[6], atropellos y reducción de obstáculos viales a la movilidad, como la lucha contra el furtivismo[7], la concienciación local y la vigilancia activa de las poblaciones [de linces].

La observación de este gato silvestre en la Sierra Morena [es] una experiencia emocionante pues se pisa el territorio con la mayor concentración de linces ibéricos del mundo. Además, del disfrute de la observación del felino en las diversas sendas públicas, también existen miradores con panoramas de vértigo sobre el bosque adehesado de encinas, quejigos y alcornoques que llega hasta el horizonte y las áreas recreativas y orillas del embalse del río Jándula que acogen las 74774 hectáreas del parque natural. Todo un espectáculo de la naturaleza para practicar jornadas de ecoturismo.

[1] **el lince** der Luchs
[2] **el felino** die Katze *(zool.)*
[3] **el baluarte** *aquí: el lugar*
[4] **en cautividad** in Gefangenschaft
[5] **imprescindible** unumgänglich
[6] **el veneno** das Gift
[7] **el furtivismo** die Wilderei

**1** a) Lee el texto de la página 190 del libro hasta la línea 46 y marca las frases correctas. comprensión lectora

1. La dictadura en Argentina comenzó con...
   - ☐ a la muerte de la presidenta constitucional.
   - ☐ b la sublevación del ejército.
   - ☐ c un discurso del general Augusto Pinochet.

2. A causa de la dictadura en Argentina...
   - ☐ a el país empezó una transición a la democracia.
   - ☐ b la Junta Militar pidió elecciones democráticas.
   - ☐ c millones de argentinos abandonaron su país.

3. La dictadura en Argentina terminó...
   - ☐ a a causa de un plebiscito.
   - ☐ b porque el país ganó la Guerra de las Malvinas.
   - ☐ c porque los militares tuvieron que organizar elecciones democráticas.

4. Después del fin de la dictadura, en Argentina se fundó...
   - ☐ a la asociación Madres de Plaza de Mayo.
   - ☐ b la Comisión Nacional sobre la Desaparición de Personas.
   - ☐ c una nueva Junta Militar.

b) Lee el texto desde la línea 47 hasta el final y marca con una cruz si las frases son verdaderas o falsas.

| | v | f |
|---|---|---|
| 1. Víctor Jara y Violeta Parra fueron los únicos folcloristas de la Nueva Canción Chilena. | | |
| 2. La Constitución chilena actual tiene sus raíces en la dictadura. | | |
| 3. Las protestas del 2019 en Chile se dirigían sobre todo contra la violencia contra la mujer. | | |
| 4. La mayoría de los indígenas en Chile son mapuches. | | |
| 5. Hay conflictos entre los mapuches y los gobiernos de Argentina y Chile. | | |

**2** a) Elige uno de los campos semánticos de la casilla, los cuales te servirán para trabajar con esta unidad, y elabora un mapa mental. Puedes utilizar un diccionario. vocabulario

p. 289

el activismo social • los conflictos • la democracia • la dictadura • el feminismo • los indígenas • la música

b) Formad grupos con los/las compañeros/as que hayan elegido un mismo campo semántico. Comparad vuestros mapas mentales y completadlos.

c) En grupos, presentad vuestro mapa conjunto en clase.

**3** a) Elige la palabra correcta. Fíjate en la ortografía. vocabulario

1. ☐ a sublevarse ☐ b subelevarse
2. ☐ a recuparar ☐ b recuperar
3. ☐ a la presion ☐ b la presión
4. ☐ a la movilización ☐ b la movilizasión
5. ☐ a surgir ☐ b surjir
6. ☐ a el golpe de estado ☐ b el golpe de Estado

b) Completa las frases con cuatro palabras de a).

1. Cada vez hay más ______________________ en contra de la violencia machista.
2. Después de la dictadura, la población necesitaba ______________________ sus derechos.
3. El pueblo mapuche sufre mucha ______________________ por abandonar sus territorios.
4. Las canciones protesta ______________________ como una forma de luchar.

## Vivir en una dictadura

expresión oral
p. 277

**1** a) Mira esta viñeta del humorista argentino Quino y descríbela. ¿Qué están haciendo las personas y cómo crees que se sienten?
b) Explicad en clase la relación entre la viñeta y la dictadura que Argentina vive en ese momento.

**¿A que no...?**
Wetten, dass nicht...?

comprensión lectora

**2** a) Vuelve a leer el fragmento del cuento *La composición* en las páginas 194-195 del libro y decide si las frases son verdaderas o falsas. Apunta también las líneas en las que encuentras la información.

| | v | f | líneas |
|---|---|---|---|
| **1.** En compañía del militar, la maestra se siente muy cómoda y relajada. | | | |
| **2.** El militar les habla a los niños de forma simpática. | | | |
| **3.** El militar anuncia un concurso para todos los niños de todas las escuelas del país. | | | |
| **4.** Según el militar, el alumno que escriba la mejor composición recibirá premios. | | | |
| **5.** Los niños deben escribir sobre las actividades preferidas de sus familias. | | | |
| **6.** A los alumnos les parece demasiado escribir dos o tres páginas. | | | |

p. 292

b) Elige una de las tareas siguientes y apunta la información. Discute tus resultados en clase.

1. Describe el comportamiento del militar.
2. Resume la tarea que el militar les da a los niños.
3. Cuenta cómo reaccionan los alumnos.

**3** a) Lee el final del cuento *La composición* (pp. 83-84) y contesta a las preguntas.

comprensión lectora

p. 273

1. ¿Qué hacen los padres de Pedro y la madre de Juan el día anterior?

2. ¿Qué le ha pasado al padre de Juan?

3. ¿Quién gana el concurso, según el capitán?

4. ¿Qué hacen los padres de Pedro todas las noches, según la composición de Pedro?

b) Fíjate en las reacciones de los padres de Pedro a partir de la línea 60. En parejas, haced suposiciones sobre cómo se desarrollan sus pensamientos y sus sentimientos al enterarse del concurso, antes de la lectura de la composición y al final. Justificad vuestras suposiciones con partes del texto. Podéis empezar así:

*Cuando Pedro le cuenta que escribió una composición, su papá está tranquilo y demuestra interés (ll. 64-65: le contesta sin dejar de comer la sopa). Cuando Pedro menciona el tema de la composición, sus padres…*

## La composición – el final

*Por Antonio Skármeta*

Pedro estuvo mordiendo[1] el lápiz, pero no le sacó ni una palabra. [...] Le espió la hoja a Juan y preguntó:
—¿Qué vas a poner?
—Cualquier cosa. ¿Y tú?
—No sé —dijo Pedro.
—¿Qué hicieron tus papás ayer? —preguntó Juan.
—Lo mismo de siempre. Llegaron, comieron, oyeron la radio y se acostaron.
—Igualito mi mamá.
—Mi mamá se puso a llorar de repente —dijo Pedro.
—Las mujeres se la pasan llorando.
—Yo trato de no llorar nunca. Hace como un año que no lloro.
—Y si te pego en el ojo y te lo pongo morado, ¿no lloras?
—¿Y por qué me vas a hacer eso si soy tu amigo?
—Bueno, es verdad.
Los dos se metieron los lápices en la boca y miraron el bombillo apagado y las sombras en las paredes y sintieron la cabeza hueca[2] como una alcancía[3]. Pedro se acercó a Juan y le susurró en la oreja:
—¿Tú estás contra la dictadura?
Juan vigiló la posición del capitán y se inclinó hacia Pedro: —Claro, pendejo[4].
Pedro se apartó un poco y le guiñó un ojo, sonriendo. Luego, haciendo como que escribía, volvió a hablarle:
—Pero tú eres un niño...
—¿Y eso qué importa?
—Mi mamá me dijo que los niños... —comenzó a decir Pedro.
—Siempre dicen eso... A mi papá se lo llevaron preso al norte.
—Igual que al de Daniel.
—Ajá. Igualito.
Pedro miró la hoja en blanco y leyó lo que había escrito: «Lo que hace mi familia por las noches». Pedro Malbrán. Escuela Siria. Tercer Grado A.
—Juan, si me gano la medalla, la vendo para comprarme una pelota de fútbol tamaño cinco de cuero blanco con parches negros.

→

[1] **morder** beißen, kauen
[2] **hueco/a** leer
[3] **la alcancía** die Spardose
[4] **el/la pendejo/a** *hier:* Dummerchen

Pedro mojó la punta del lápiz con un poco de saliva, suspiró hondo y arrancó: «Cuando mi papá vuelve del trabajo...». [...]

Un día volvió al aula el militar cargado de papeles, una bolsa de caramelos y un calendario con la foto de un general.
—Mis queridos amiguitos —les dijo—. Sus composiciones han sido muy lindas y nos han alegrado mucho a los militares y en nombre de mis colegas y del general Perdomo debo felicitarlos muy sinceramente. La medalla de oro no recayó en este curso, sino en otro, en algún otro. Pero para premiar sus simpáticos trabajitos, les daré a cada uno un caramelo, la composición con una notita y este calendario con la foto del prócer[5].
Pedro se comió el caramelo camino de su casa y esa noche, mientras cenaban, le contó al papá:
—En la escuela nos mandaron a hacer una composición.
—Mmm.... ¿Sobre qué? —preguntó el papá comiendo la sopa.
—«Lo que hace mi familia por las noches».
El papá dejó caer la cuchara sobre el plato y saltó una gota de sopa sobre el mantel. Miró a la mamá.
—¿Y tú qué escribiste, hijo? —preguntó la mamá.
Pedro se levantó de la mesa y fue a buscar entre sus cuadernos.
—¿Quieren que se las lea? El capitán me felicitó.
Y les mostró donde el capitán había escrito con tinta verde: «¡Bravo! ¡Te felicito!»
—El capitán... ¿qué capitán? —gritó el papá.
—El que nos mandó a hacer la composición.
Los papás se volvieron a mirar y Pedro empezó a leer:
—«Escuela Siria. Tercer Grado...».
El papá lo interrumpió:
—Sí, está bien, pero lee directamente la composición, ¿quieres?
Y mientras los padres escuchaban con mucha atención, Pedro leyó:
—«Cuando mi papá vuelve del trabajo, yo voy a esperarlo al autobús. A veces, mi mamá está en la casa y cuando llega mi papá le dice quiubo[6] chico, cómo te fue hoy. Bien le dice mi papá y a ti cómo te fue, aquí estamos le dice mi mamá. Entonces yo salgo a jugar fútbol y me gusta meter goles de cabecita. Después viene mi mamá y me dice ya Pedrito venga a comer y luego nos sentamos a la mesa y yo siempre me como todo menos la sopa que no me gusta. Después todas las noches mi papá y mi mamá se sientan en el sillón y juegan ajedrez[7] y yo termino la tarea. Y ellos siguen jugando ajedrez hasta que es la hora de irse a dormir. Y después, después no puedo contar porque me quedo dormido.
Firmado: Pedro Malbrán. Nota: si me dan un premio por la composición ojalá sea una pelota de fútbol, pero no de plástico».
Levantó la mirada y se dio cuenta de que sus padres estaban sonriendo.
—Bueno —dijo el papá—, habrá que comprar un ajedrez, por si las moscas[8].

[5] **el prócer** der Nationalheld
[6] **quiubo** *¿Qué hubo?*
[7] **el ajedrez** das Schach(spiel)
[8] **por si las moscas** *(col.)* für alle Fälle

las frases condicionales irreales de pasado

GR p. 269

**4** ¿Qué le habría pasado a Pedro si...? Con la información del texto del ejercicio 3 formula frases condicionales.

Ejemplo: *Si Pedro en su composición hubiera escrito la verdad, sus padres habrían tenido serios problemas.*

*Si el capitán hubiera escuchado susurrar a Pedro y Juan,* ______

## Los desaparecidos

**1** a) Escucha en internet la canción *A las madres de mayo* de Ismael Serrano y describe la atmósfera que crea. Fíjate en la melodía, los instrumentos y la voz del cantante.
b) Lee la letra y analiza las líneas 15-18 de la canción.
c) Analiza la perspectiva de la canción. ¿Quién es el yo lírico?
d) Lee la información de la casilla *El país y la gente* sobre los "vuelos de la muerte" y explica el significado de la frase "¿Quién pudo lanzar mil ángeles desde el cielo?" *(línea 6)*. Identifica además con qué otras frases o palabras alude Ismael Serrano a esa práctica de la dictadura militar.

expresión oral

comprensión lectora

p. 274

### A las madres de mayo

*Por Ismael Serrano, publicada en 1998*

Te busca madre mientras su cuerpo es mecido[1]
por el mar en el que se sumerge[2] dormido.
Sueña tu abrazo, busca recuerdos,
a los que aferrarse[3] para no conciliar el sueño.

El mar se inquieta[4], es tempestad[5], lamento.
¿Quién pudo lanzar[6] mil ángeles desde el cielo?
Y oye tus gritos, blancos pañuelos,
cubren[7] sus aguas, los trajo el viento.
Manda una ola para que se lleve
a los traidores que sembraron[8] tanta muerte.

Barcos y náufragos[9] oyen sus voces.
Les dicen "Nunca, nunca, olviden nuestros nombres".
Dile a las madres que en algún lado,
donde hace falta, seguimos luchando.

Madre, tu hijo no ha desaparecido.
Madre, que yo lo encontré andando contigo.
Lo veo en tus ojos, lo oigo en tu boca,
y en cada gesto tuyo me nombra.
Lo veo en mis luchas y me acompaña
entre las llamas de cada nueva batalla[10].

Guían mis manos sus manos fuertes,
hacia el futuro, hasta la victoria siempre.
Guían mis manos sus manos fuertes,
hacia el futuro, hasta la victoria siempre.

[1] **mecer** wiegen
[2] **sumergirse** eintauchen
[3] **aferrarse a** sich klammern an
[4] **inquietarse** unruhig werden
[5] **la tempestad** *la tormenta*
[6] **lanzar** *tirar*
[7] **cubrir** bedecken
[8] **sembrar** säen
[9] **el/la náufrago/a** der/die Schiff brüchige
[10] **la batalla** die Schlacht

**El país y la gente**

Entre las medidas que usaba el gobierno militar para deshacerse de las personas que había hecho desaparecer, después de torturarlas y sacarles información, estaban los así llamados **"vuelos de la muerte"**.
Los desaparecidos eran lanzados al mar desde aviones, vivos, pero maniatados y dormidos con somníferos. Se calcula que unas 2000 personas murieron de esta forma.

**El país y la gente**

**Ismael Serrano** es un cantautor español que se hizo famoso en los años noventa. Nacido en Madrid en 1974, escribió canciones sobre muchas de las causas sociales existentes en el mundo, como la guerrilla en México, las víctimas de la represión de la dictadura Argentina, las guerras en Oriente Próximo, la lucha por la República en España, la recuperación de la Memoria Histórica y muchos otros temas.

## Exilio en Alemania

mediación p. 287

**1** Tu amiga chilena Paula se ha enterado de que su escritor favorito, Antonio Skármeta, vivió unos años en Alemania y te pregunta si sabes algo de ese tema. Lee el artículo y explícale en un e-mail cuándo y por qué emigró Skármeta de Chile y cuéntale de las estaciones y circunstancias de su vida en Alemania.

### Künstler nach der Flucht: Der Schriftsteller Antonio Skármeta aus Chile

*Von Susanne Spröer, Deutsche Welle, 18. Dezember 2017*

Im Hintergrund leuchten die Neon-Reklamen des nächtlichen Berlin, als sich der schnauzbärtige, verschmitzt lächelnde Mittdreißiger einem deutschen Fernsehpublikum vorstellt: „Mein Name ist Antonio Skármeta. Ich bin Schriftsteller. Ich habe Chile im Jahre 1973 verlassen, weil ein Putsch gegen den demokratischen Präsidenten Salvador Allende stattgefunden hat. Seitdem herrscht in meinem Land eine militärische Diktatur."

Seit acht Jahren lebt Antonio Skármeta da schon in West-Berlin, zusammen mit seiner Frau und den beiden Söhnen, die den größten Teil ihres Lebens hier verbracht haben und nun 13 und 15 Jahre alt sind. Ihr neues Zuhause ist das West-Berliner Viertel Charlottenburg, in den 80er Jahren ein Treffpunkt der chilenischen Community.

In seinem Fernsehfilm *Wenn wir zusammen lebten* erzählt Skármeta dem deutschen TV-Publikum 1983 vom Alltag, den Träumen und Sehnsüchten der Exilchilenen: Von den Schwierigkeiten, Wohnung und Arbeit zu finden, aber auch davon, wie im Park mit chilenischer Musik und Empanadas gemeinsam gefeiert wird – fröhliche Feste, aber voller Nostalgie nach der fernen Heimat. Rund 5000 Chilenen sind wie Skármeta nach dem Militärputsch in die Bundesrepublik Deutschland geflüchtet, mehrere Tausend auch in die damals noch existierende DDR. [...]

#### „Regen über Santiago": Chiles 11. September 1973

Die Sonne scheint, als am 11. September 1973 im Radio „Regen über Santiago" gemeldet wird. Antonio Skármeta sitzt da gerade in seinem Arbeitszimmer in der *Universidad de Chile*, wo er mittlerweile als Dozent arbeitet. Er ist alarmiert: Denn „Regen über Santiago" ist das Codewort für einen Militärputsch, den die Demokraten schon eine Weile befürchten. Es wäre nicht der erste: Schon im Juni hatten die Militärs gegen den sozialistischen Präsidenten Salvador Allende geputscht, erfolglos. Diesmal ist es anders. Soldaten besetzen das Parlament, bombardieren den Radiosender, der das Codewort gesendet hat. Noch am selben Tag nimmt sich Präsident Allende im Regierungspalast *La Moneda* das Leben.

In den nächsten Tagen werden Tausende Chilenen verhaftet. Manche werden vollkommen willkürlich von der Straße geholt – weil sie lange Haare haben oder wie Hippies gekleidet sind. [...] Viele Schulen und Sportstätten werden zu Konzentrationslagern von General Augusto Pinochet, dem Mann hinter dem Putsch, der Chile bis 1990 als Diktator regieren wird. Über 2000 Menschen sterben, mehr als 35 000 werden Opfer von Gefangenschaft und Folter, über tausend sind bis heute verschwunden.

#### Flucht ins Exil

Als engagierter Unterstützer von Präsident Allende ist auch Antonio Skármeta in Gefahr. Ein deutscher Freund, der Regisseur Peter Lilienthal, rät ihm, das Land so schnell wie möglich zu verlassen. Nach ein paar Monaten in Argentinien kommt er 1974 mit einem Stipendium des DAAD, des Deutschen Akademischen Austausch-Dienstes, nach Berlin und holt seine Familie nach. „Ich habe das Land freiwillig verlassen", sagt Skármeta. „Ich bin nicht gefoltert worden, ich habe nur meinen Job verloren. Und das war ja wenig im Vergleich zu dem, was anderen widerfahren ist."

Deutsch spricht Antonio Skármeta kaum, als er in Berlin ankommt. Seine beiden Söhne, bei der Ankunft in Europa sieben und fünf Jahre alt, saugen die neue Sprache schnell auf: „In Gesprächen hat der Ältere für mich übersetzt", erzählt Antonio Skármeta. „Wenn die Leute am Telefon sehr schnell sprachen, da reichte ich den Hörer an meinen Sohn weiter und er antwortete für mich."

Doch Skármeta ist Schriftsteller. Mit dem Exil hat er seine Sprache und seine Leser verloren: „Ich merkte, dass es keinen Sinn ergab, weiter so zu kommunizieren wie mit den chilenischen Lesern, mit all den Anspielungen auf chilenische Fußballer oder Filmstars, mit Bezügen zu den Straßen und Vierteln chilenischer Städte – auf das, was ich mit den Chilenen gemeinsam hatte."

1978 erscheint sein Roman *No pasó nada – Nix passiert*, in dem er die Geschichte eines chilenischen Jungen erzählt, der mit seiner Familie nach Berlin geflüchtet ist – ein jugendliches Alter Ego des Schriftstellers. [...] Das Thema Exil wird eines von Antonio Skármetas Lebensthemen. Im Berliner Exil schreibt Antonio Skármeta auch sein berühmtestes Werk, den gleich zweifach verfilmten Roman *Mit brennender Geduld*: die Geschichte eines Postboten, der dem chilenischen Nationaldichter und Nobelpreisträger Pablo Neruda die Post bringt und vom ihm lernt, wie er seine Angebetete mit Gedichten verzaubert. [...]

1988 wird Augusto Pinochet in einer spektakulären Volksabstimmung abgewählt – der Film *NO*, der auf einem Theaterstück Antonio Skármetas basiert, erzählt, wie eine fröhliche Werbekampagne den Diktator Augusto Pinochet entmachtet. 1989 gibt es die ersten freien Wahlen nach der Diktatur und Antonio Skármeta kehrt nach 16 Jahren des Exils in seine Heimat zurück.

Von 2000 bis 2003 kommt er noch einmal nach Berlin, diesmal als Botschafter der Republik Chile.

## Una diligencia de rutina

**1** En clase, haced una lluvia de ideas de las medidas que tomaron los militares durante las primeras semanas de la dictadura en Chile en 1973. Apuntad lo que recordáis y después haced suposiciones sobre otras medidas posibles. Preguntaos qué era especialmente molesto o peligroso para el régimen militar.

**2** Lee el fragmento de la novela de Antonio Skármeta. ¿Qué llegas a saber sobre el protagonista, Mario? Describe en qué situación se encuentra y cómo reacciona.

comprensión lectora

**3** Analiza cómo crea el autor un ambiente amenazador.

**4** Con la información del texto redacta el monólogo interior de Mario.

expresión escrita

p. 285

### El cartero de Neruda (Ardiente paciencia)

*Por Antonio Skármeta*

*Pablo Neruda (1904-1973) fue un poeta, político y diplomático chileno. Su muerte fue controvertida y muy cuestionada, ya que la causa real de su muerte sigue siendo investigada hasta hoy. Perdió la vida en Chile un día antes de exiliarse a México y dos semanas después de instalarse la dictadura.*
*La novela* ***El cartero de Neruda*** *tematiza, entre otros, a los detenidos desaparecidos por la dictadura y la falta de alimentos que sufrió Chile durante este período. El marco temporal comienza en junio de 1969, cuando Mario Jiménez, un joven de 17 años, comienza a trabajar como cartero y es designado a Isla Negra con un solo cliente, Pablo Neruda, a quien diariamente lleva cartas.*

La ambulancia se llevó a Pablo Neruda hacia Santiago. En la ruta, tuvo que sortear[1] barreras de la policía y controles militares. El día 23 de septiembre de 1973, murió en la clínica Santa María. [...] Mario Jiménez supo de la muerte del poeta en el televisor de la hostería[2]. La noticia fue emitida por un locutor engolado[3] el cual habló de la desaparición de «una gloria nacional e internacional». Seguía una breve biografía hasta el momento de su Premio Nobel, y concluía con la lectura de un comunicado, mediante el cual la Junta Militar expresaba su consternación por la muerte del vate[4]. [...] Durante la noche, el cartero no pudo dormir y las horas transcurrieron con la vista en el techo, sin que un solo pensamiento las distrajera. Hacia las cinco de la madrugada, oyó frenar autos ante la puerta. Al asomarse a la ventana, un hombre de bigotes le hizo un gesto indicándole que saliera. Mario se puso su yérsey marinero y vino hacia el portón. Junto al hombre de bigotes, semicalvo, había otro muy joven de pelo corto, impermeable[5], y un nudo de corbata abundante.
—¿Usted es Mario Jiménez? —preguntó el hombre de bigotes.
—Sí, señor.
—¿Mario Jiménez, de profesión cartero?
—Cartero, señor.
El joven de impermeable extrajo una tarjeta gris de un bolsillo, y la revisó de una pestañeada[6].
—¿Nacido el siete de febrero de 1952?
—Sí, señor.
El joven miró al hombre mayor, y fue éste quien le habló a Mario:
—Bien. Tiene que acompañarnos.
El cartero se limpió las palmas[7] de las manos sobre los muslos.
—¿Por qué, señor?
—Es para hacerle unas preguntas —dijo el hombre de bigotes poniéndose un cigarrillo en los labios. [Le ofreció otro a Mario.] Éste negó con la cabeza.
—No tiene nada que temer —le dijo luego el del impermeable.
—Después, puede volver a casa —dijo el hombre de bigotes, mostrándole el cigarrillo a alguien que asomaba la cabeza por la ventana de uno de los dos autos sin patente[8], que aguardaban en la calle con el motor en marcha.
—Se trata de una diligencia de rutina[9] —agregó el joven del impermeable.

Contesta un par de preguntas y después vuelve a casa —dijo el hombre de bigotes, alejándose hacia el hombre del auto que ahora mostraba un encendedor[10] dorado en la ventanilla. El hombre de los bigotes se agachó, y entonces el diputado Labbé[11] con un preciso golpe produjo una fuerte llama del mechero. Mario vio que el hombre de los bigotes se levantaba avivando la brasa[12] del cigarrillo con una honda aspiración, y que le hacía un gesto al joven del impermeable, para que avanzaran hasta el otro auto. El joven del impermeable no tocó a Mario. Solo se limitó a indicarle la dirección del Fiat negro. El auto del diputado Labbé se fue lentamente, y Mario avanzó con su acompañante hasta el otro vehículo. En el volante[13] había un hombre con lentes oscuros oyendo noticias. Al entrar en el coche, alcanzó a oír cuando el locutor anunciaba que las tropas habían ocupado la editorial *Quimantú*, y habían procedido a secuestrar la edición de varias revistas subversivas, tales como *Nosotros los chilenos*, *Paloma* y *La Quinta Rueda*.

1 **sortear** ausweichen
2 **la hostería** das Gasthaus
3 **engolado/a** affektiert
4 **el vate** *el poeta*
5 **el impermeable** der Regenmantel
6 **la pestañeada** das Blinzeln
7 **la palma** die Handfläche
8 **la patente** das Kennzeichen
9 **la diligencia de rutina** die Formsache
10 **el encendedor** das Feuerzeug
11 **el diputado Labbé** *representante de la zona y antagonista de Neruda*
12 **la brasa** die Glut
13 **el volante** das Steuer

## La Nueva Canción Chilena

comprensión lectora

**1** a) Lee el texto y resume lo que llegas a saber sobre Joan Jara.

### La lucha de Joan Jara

Hoy las canciones y la música del cantante chileno Víctor Jara son conocidas en todo el mundo. Sin embargo, no todos saben que esto es en parte gracias a la lucha de Joan Jara por mantener viva la memoria de su marido, tras ser asesinado durante la dictadura de Chile.

Joan Turner nació en 1927 en Londres. Ella era estudiante de Historia cuando asistió por primera vez a una actuación de danza y, al instante, quedó tan fascinada que decidió que quería dedicarse profesionalmente al baile. En 1951 conoció a Patricio Bunster, un bailarín chileno que más tarde se convirtió en su marido y padre de su primera hija. Con él se mudó a Chile en 1954, comenzó a trabajar como bailarina en el Ballet Nacional Chileno y más tarde fue profesora de danza.

La relación con Bunster no funcionó, por lo que terminaron separándose. En 1960 conoció al cantante Víctor Jara, se enamoraron, se casaron y tuvieron una hija a la que llamaron Amanda.

Finalmente, Joan era feliz en Chile. Se dedicaba a su pasión y compartía los mismos ideales que Víctor. Sin embargo, la tragedia llegó cuando el 16 de septiembre de 1973, tras el Golpe de Estado en Chile, Víctor Jara fue asesinado, y ella tuvo que reconocer su cuerpo sin vida.

Joan tuvo entonces que exiliarse a Europa con sus dos hijas para estar a salvo de la dictadura. Sin embargo, Joan encontró la forma de afrontar el dolor del asesinato de su marido, convirtiéndose en una activista incansable. Se dedicó a hablar sobre la realidad de lo que estaba ocurriendo en Chile con la dictadura. Y, aunque los soldados de Pinochet intentaron quemar los discos de Víctor, ella consiguió recuperar los originales y hacer copias para que no se perdieran.

Cuando volvió la democracia, Joan regresó a Chile y creó la Fundación Víctor Jara. Siguió luchando por la justicia del asesinato de su marido que estuvo impune durante muchos años. Solo en 2018, un tribunal chileno condenó a los militares culpables del asesinato.

En los últimos años, Joan recibió la nacionalidad chilena y múltiples premios por su aporte a la cultura a través de la danza.

el subjuntivo

GR p. 252

b) Completa las frases con las expresiones de la casilla. Hay más de una solución posible. Usa los verbos en subjuntivo o infinitivo y presta atención a los tiempos verbales.

la música de su marido *perderse* • los militares culpables del asesinato *ser* condenados • *mantener* viva la memoria de Víctor Jara • *quemar* todos sus discos • *recuperar* los discos de Víctor Jara • todos *poder* disfrutar de sus canciones

1. Después del asesinato de Víctor Jara los soldados intentaron ______________________

______________________

2. Joan Jara temía que ______________________

______________________

3. Ella deseaba que ______________________
4. Quería ______________________
5. Desde el exilio hizo todo lo posible para ______________________

______________________

6. Cuando volvió a Chile, siguió luchando para que ______________________

______________________

**2** a) Escucha el audio sobre la vida de la cantante Violeta Parra y completa las frases.

comprensión auditiva
WES-112672-007
p. 276

1. Violeta Parra nació ______.
2. En 1938 formó un grupo de música con ______.
3. Viajando por Chile, al ver la pobreza e injusticias que existían en su país, Violeta Parra ______ ______.
4. Cuando hizo unos programas de radio, por primera vez ______.
5. En 1959, Violeta se enfermó de hepatitis y tuvo que ______.
6. Durante ese tiempo se dedicó a ______.
7. En 1965 fundó un centro cultural para ______.
8. El 5 de febrero de 1967 ______.

b) Escucha otra vez y apunta los mayores logros de Violeta Parra.

______

______

c) En parejas comparad vuestros resultados y explicad por qué Violeta Parra es considerada una de las representantes más importantes de la Nueva Canción Chilena.

## Canciones de protesta

**1** a) Lee la letra de *Un violador en tu camino*, himno feminista que se popularizó en medio de las protestas que sacuden a Chile desde octubre de 2019. Explica qué es lo que critica la canción en concreto.

comprensión lectora

b) La canción e intervención fue un éxito en varios países. Busca información en internet sobre su origen y su recepción. Elige un país y presenta la recepción en una charla de unos dos minutos.

expresión oral

c) Busca en internet un vídeo de la representación de la canción y míralo prestando atención a la coreografía. Descríbela y comenta el impacto que tiene en ti.

### Un violador en tu camino
*Por Las Tesis*

El patriarcado es un juez[1]
que nos juzga[2] por nacer.
Y nuestro castigo[3]
es la violencia que no ves.

Es femicidio.
Impunidad[4] para mi asesino.
Es la desaparición.
Es la violación.

Y la culpa no era mía, ni dónde estaba
ni cómo vestía. (4x)
El violador eras tú.
El violador eres tú.

Son los pacos[5],
los jueces,
el Estado,
el Presidente.

El Estado opresor[6] es un macho violador. (2x)
El violador eras tú.
El violador eres tú.

Duerme tranquila, niña inocente,
sin preocuparte del bandolero[7],
que por tus sueños, dulce y sonriente,
vela[8] tu amante carabinero[9].
El violador eres tú. (4x)

[1] **el/la juez/a** der/die Richter/in
[2] **juzgar** *hier:* verurteilen
[3] **el castigo** die Strafe
[4] **la impunidad** die Straffreiheit
[5] **el paco** *(chil.)* *el policía*
[6] **opresor/a** unterdrückend
[7] **el bandolero** *el criminal*
[8] **velar** (be)wachen
[9] **el carabinero** *el policía*

comprensión lectora

**2** **a)** Lee la letra de la canción *Ni una menos* y elige cuál de las frases resume mejor el contenido.

1. En la sociedad de hoy en día la violencia contra la mujer no está todavía suficientemente estigmatizada.
2. Si todos y todas dejáramos de encontrar excusas para la violencia de género, la situación de las mujeres sería mucho mejor.
3. No hay ninguna razón válida para aprovecharse de una mujer, y quienes culpan a las mujeres abusadas son a su vez culpables.
4. Una mujer puede llevar la ropa que quiera y no por eso está invitando a quienes quieran abusar de ella.

**b)** Lee la letra otra vez y escucha también la canción en internet. Sigue los primeros pasos de analizar una canción que has conocido en el libro (pp. 204-206), redactando la introducción de tu análisis, indicando la relación entre título y contenido y examinando la composición de la canción.

p. 275

**c)** Analiza el nivel del lenguaje y los recursos estilísticos. Explica a qué se debe la enumeración de frases condicionales en el estribillo, de qué recurso se trata y qué efecto tiene *(ll. 13-20)*.

**d)** Redacta una conclusión dando tu opinión sobre la canción y detallando el efecto que haya producido en ti.

**Ni una menos**
*Por Chocolate Remix*

No hay excusa, para cubrir[1] al que abusa
Aquí llegó pa' molestarte esta intrusa[2]
Todas las que mataste, hoy son mi musa
Yo voy a aclararte esas ideas confusas
Mente obtusa[3], ¿qué importa si llevaba escote o blusa?
El problema no es la ropa que usa
¿Que no eres el culpable?, ¿que yo soy una ilusa[4]?
¡Culpable es todo aquel que no acusa!
Complicidad se llama este juego
Ya dejemos de hacernos los ciegos
Vamos, cabrón[5], que yo no valgo tu ego
Vamos, que aquí nos están prendiendo fuego

*estribillo:*
Si se fue de casa, ¡ni una menos!
Si se puso minifalda, ¡ni una menos!
Si se pintó los labios, ¡ni una menos!
¡Ni una menos!, ¡ni una menos!, ¡ni una menos!
Si baila reggaetón, ¡ni una menos!
Si te dejó por otro, ¡ni una menos!
Si vuelve tarde a casa, ¡ni una menos!
¡Ni una menos!, ¡ni una menos!, ¡ni una menos!

Vamos, mujer, baila hasta abajo
Menea[6] con esa pollera[7] de tajo[8]
Ponte si quieres una tanga debajo
Haz con tu cuerpo lo que quieras, ¡qué carajos![9]
Vamos, mujer, baila hasta abajo
Menea con esa pollera de tajo
Ponte si quieres una tanga debajo
Haz con tu cuerpo lo que quieras, ¡qué carajos!

*estribillo*

¡Ni una menos!, ¡ni una menos!

[1] **cubrir** decken
[2] **el/la intruso/a** der Störenfried
[3] **obtuso/a** begriffsstutzig
[4] **iluso/a** naiv
[5] **el cabrón** *(arg.)* der Typ
[6] **menear** *aquí: bailar*
[7] **la pollera** *(arg.)* *la falda*
[8] **el tajo** der Schlitz
[9] **¡qué carajos!** *hier:* ganz egal

## Música indígena

**1** a) Escucha en internet la canción *Canción indígena* de Yaco y describe tu primera impresión. Habla sobre la música, los instrumentos, la voz del cantante y el ambiente que crea.

expresión oral

b) Escucha la canción otra vez leyendo también la letra. En parejas, elegid uno de los siguientes temas y apuntad qué llegáis a saber sobre él. Comparad después en clase.

comprensión lectora

p. 274

- la relación de los indígenas con la naturaleza
- la vida diaria de la familia indígena
- fiestas y tradiciones de los indígenas

c) Elige uno de los siguientes ejercicios.

1. Comenta sobre la última línea de la canción: "Respeto, pa[ra] merecer respeto".
2. El yo lírico compara el comportamiento y la cosmovisión indígenas con las occidentales. Explica su punto de vista y coméntalo.

### Canción indígena

*Por Yaco feat. Proyecto Jirondai*

Yo soy de aquí, esta es mi tierra
Desde la cuenca[1] del río hasta la sierra
Cada hoja, cada rama, cada raíz
Forman parte de mi huerto, que es tu país

Yo soy de aquí, esta es mi raza
Este techo de hoja 'e palma es mi casa
Esta laguna, este hormiguero[2]
Esta guatusa[3] taladrando su agujero

Este peñón[4], esta bajura
Esta dulce melodía que es mi cultura
Esto que me quitas, esto que te doy
Yo sigo siendo nato de donde estoy

En la cascada que cae de la montaña
Mis mujeres lavan y mis hijos se bañan
Estos sembradíos donde cultivo
Es mi hogar, es en donde vivo

Soplo el carbón, machuco el grano
Todos en la comunidad son mis hermanos
Amarro los troncos de caña brava
Hago jarabe con semilla de guayaba

Me curo mis dolores con las plantas
No las arranco, me llevo lo que hace falta
Bajo a caballo por la quebrada[5]
Aquí el poderoso no me ha dejado nada

Esta llanura[6], esta cordillera
Han sido testigos de mi vida entera
Esta selva oscura, esta noche grata
Que despierta en fuego con la fogata

Este altiplano, que me quieres quitar
Este mausoleo, que quieres profanar[7]
Esta hamaca en la que me acuesto, todo esto
Que me dejaron mis ancestros

Yo cargo sacos sobre mi cabeza
Yo adoro lo que tú no: la naturaleza
Siembro maíz, hago sopa de frijol
Me acuesto cada noche cuando se acuesta el sol

Mi mujer se teje su propia falda
Carga a mi chiquito sobre su espalda
Yo peleo contra las máquinas con pala
Peleo por mi bosque, que me lo talan[8]

A fin de año me pongo bien bonito
Pa' festejar el baile de los diablitos
Con petate, chácara y sombrerito
Mi jícara[9] con chicha y mi arroz con palmito

Hay chinchiví y tamal de elote[10]
Pesca'o que me traje por el cauce en bote
Celebramo' a la madre tierra y le pedimos
Pa' que llueva mucho y nos guíe en el camino

Esta es mi etnia, mi amuleto
Pinto de colores mis cachetes prietos[11]
Estoy en mi tierrita y con nadie me meto
Respeto, pa' merecer respeto

[1] **la cuenca** das Becken
[2] **el hormiguero** der Ameisenhaufen
[3] **la guatusa** das Aguti (Nagetier)
[4] **el peñón** der Felsen
[5] **la quebrada** die Schlucht
[6] **la llanura** die Ebene
[7] **profanar** entweihen
[8] **talar** fällen
[9] **la jícara** *la taza*
[10] **el elote** der Maiskolben
[11] **prieto/a** *de piel morena*

comprensión audiovisual

**2** **a)** Busca en internet el tráiler oficial de la película *Soy Aimé* sobre la vida de la cantante Aimé Painé de origen mapuche y tehuelche. Míralo y apunta qué llegas a saber sobre su vida.
**b)** ¿Te gustaría ver la película? ¿Por qué (no)? Habla con tu compañero/a.

los tiempos verbales del pasado

GR p. 264

**3** **a)** Completa el artículo sobre el hiphop mapuche con los verbos en pretérito imperfecto o indefinido.
**b)** Lee el artículo otra vez y explica en qué situación y con qué fin surgió el hiphop mapuche.

## El hiphop mapuche se enfoca en la crítica social en Chile

*Por Natalia Messer, Deutsche Welle (DW), 21 de enero de 2021*

El hiphop mapuche [...] (1) ______ (adquirir[1]) mayor notoriedad[2] en los últimos años, debido a exponentes como Jano Weichafe, Jaas Newen, Gonzalo Luanko, Waikil, entre otros. Pero el movimiento tiene más de 30 años de historia. (2) ______ (surgir) a finales de la década de los 80 en campamentos poblacionales en Temuco, una ciudad en el sur de Chile.

"En esos años, (3) ______ (darse, nosotros) cuenta de que todos (4) ______ (ser, nosotros) mapuche o (5) ______ (tener) esa ascendencia. Entonces, (6) ______ (empezar) a jugar palin –un juego tradicional de nuestra cultura– o bien, (7) ______ (organizar) el We Tripantu, la ceremonia del año nuevo mapuche. En ese contexto (8) ______ (nacer) las primeras letras de rap, que (9) ______ (rescatar[3]) la historia desde nuestro punto de vista, como, por ejemplo, el tema de la ocupación territorial", explica a DW Carlos Alejandro Cabrera, conocido artísticamente como Jano Weichafe.

A mediados del Siglo XIX, el Estado de Chile (10) ______ (emprender) una campaña de control y ocupación en las cerca de 11 millones de hectáreas de tierras habitadas por mapuches. Se estima que hacia 1883, el pueblo indígena (11) ______ (haber) perdido el 95 % de su territorio.

"El hiphop mapuche (12) ______ (surgir) como un medio, no como un fin. (13) ______ (ser) un tema de resistencia cultural y de rescate de la identidad, porque en esos años no (14) ______ (haber) programas que promoviesen el rescate del mapudungun, o que defendieran los derechos de los pueblos originarios", cuenta a DW Jano Weichafe.

Como resultado de la ocupación territorial, cerca del 70 % de los mapuche (15) ______ (tener) que emigrar a las grandes ciudades. El uso del mapudungun, asimismo, se (16) ______ (prohibir) en los colegios chilenos hasta 1994, bajo el pretexto de conseguir un idioma chileno unido y estandarizado. De acuerdo a un reciente informe de la ONU, solo un 10 % de la población mapuche habla el idioma.

"En 1990 (17) ______ (surgir) la reivindicación[4] territorial, cultural, política, también de cosmovisión[5]. De pronto, abuelitas que llevaban 10 o 15 años sin hablar mapudungun, volvían a hablarlo en nuestras comunidades. (18) ______ (ser) una lucha, cuyo fin (19) ______ (ser) entregar un mensaje a las nuevas generaciones", agrega en entrevista con DW Jano Weichafe.

*texto ligeramente adaptado*

[1] **adquirir** *conseguir*
[2] **la notoriedad** *la fama, la popularidad*
[3] **rescatar** *recuperar*
[4] **la reivindicación** die Forderung, der Anspruch
[5] **la cosmovisión** die Weltanschauung

## Conflictos actuales

**1 a)** Lee el artículo y marca con una cruz si las frases son verdaderas o falsas.

comprensión lectora

p. 272

| | v | f |
|---|---|---|
| **1.** Hace ya muchos años que algunas comunidades mapuches están reclamando territorios. | | |
| **2.** En los últimos años varios grupos no-mapuches se han sumado al movimiento y actúan de forma violenta. | | |
| **3.** Uno de esos grupos logró recuperar varios territorios de la empresa Benetton en 2015. | | |
| **4.** Desde entonces, los índices de criminalidad en esa zona han aumentado significativamente. | | |
| **5.** En octubre de 2021, alguien prendió fuego a dos edificios y dejó mensajes con amenazas dirigidas a varias personas. | | |
| **6.** El grupo *Resistencia Ancestral Mapuche* condena esos ataques. | | |

**b)** Explica el procedimiento de grupos como *Resistencia Ancestral Mapuche* según el texto.

**c)** Comenta sobre los posibles motivos de esos grupos y sobre los efectos que tiene su forma de actuar en la causa mapuche.

### En los últimos meses recrudecieron[1] los conflictos violentos con los mapuches

*Por Paz García Pastormerlo, © La Nación, 16 de octubre de 2021*

Los reclamos[2] étnico-territoriales que mantienen diversas comunidades mapuches en la Patagonia no son nuevos. La mayoría están vinculados con procesos económicos y sociales que suelen amenazar o restringir las tierras que muchas de esas familias ocupan ancestralmente[3]. De hecho, muchas comunidades han podido ratificar la posesión ancestral y han conseguido la propiedad comunitaria por vías legales y pacíficas.

Sin embargo, lo que se viene observando en los últimos seis años en la región es un recrudecimiento de los conflictos a partir del surgimiento de grupos que eligen la violencia como método de lucha. Muchos de ellos ni siquiera son originalmente mapuches, sino que han «abrazado» la causa mapuche como si fuera propia y le han sumado características violentas.

Entre los ejemplos está la comunidad Pu Lof en resistencia del departamento de Cushamen, en Chubut, de la que Facundo Jones Huala era lonko[4] y principal referente. [...] Esa agrupación inició en marzo de 2015 lo que denominaron un «proceso de recuperación territorial productiva a la multinacional Benetton» e irrumpió[5] en campos de la Compañía Argentina de Tierras S.A., en el Paraje Leleque, sobre la ruta 40.

Un informe conjunto realizado a fines de 2017 por el Ministerio de Seguridad de la Nación y los gobiernos provinciales de Río Negro, Neuquén y Chubut indica que, a partir de esa usurpación[6], los hechos delictivos se incrementaron de forma notoria[7] en la zona.

Los rostros cubiertos, los cortes de ruta, el incendio de propiedades y maquinarias comenzaron a extenderse así en los últimos años. Con una metodología similar a la utilizada en la toma de Leleque, en noviembre de 2017 la comunidad Lafken Winkul Mapu usurpó tierras de Parques Nacionales en Villa Mascardi y luego fueron extendiendo la toma a propiedades aledañas[8]. Los vecinos y automovilistas empezaron entonces a sufrir diversos ataques, como quema de casas, piedrazos, amenazas y golpes. [...]

Durante el primer fin de semana de octubre, fueron incendiados el Centro de Informes Turísticos de El Bolsón (próximo a inaugurarse), así como un depósito y dos máquinas de Vialidad rionegrina cerca del cerro Catedral, en Bariloche.

En ese último lugar, los atacantes dejaron amenazas dirigidas a la gobernadora Arabela Carreras, así como a la fiscal jefe Betiana Cendón, el fiscal Francisco Arrien y el juez de Garantías Ricardo Calcagno. [...]

Ataques y mensajes con inscripciones similares se han registrado en los últimos años en diferentes puntos de la Patagonia andina. Y el grupo *Resistencia Ancestral Mapuche* (RAM) –que tiene entre sus líderes a Facundo Jones Huala– se ha adjudicado[9] muchos de esos atentados.

Tras analizar distintos ataques en Río Negro, Neuquén y Chubut ocurridos solo entre 2015 y 2017, un informe oficial ya revelaba que «no son hechos aislados sino que forman parte de una organización de carácter ilícito[10] que intenta solaparse[11] en la reivindicación[12] legítima de los pueblos originarios presentes en territorio argentino y reconocidos por la Ley 26.160».

[1] **recrudecer** sich verschärfen
[2] **el reclamo** die Forderung
[3] **ancestral** Ahnen-
[4] **el lonko** *jefe de una comunidad mapuche*
[5] **irrumpir** (gewaltsam) eindringen, einbrechen
[6] **la usurpación** der Diebstahl
[7] **notorio/a** *evidente*
[8] **aledaño/a** angrenzend
[9] **adjudicarse** *hier:* sich zu etw. bekennen
[10] **ilícito/a** *prohibido/a*
[11] **solaparse** *extenderse a*
[12] **la reivindicación** der Anspruch

comprensión lectora

**1** Lee el texto de la página 220 del libro y marca con una cruz las <u>nueve</u> respuestas correctas.

**1.** El Siglo de Oro...
- [ ] **a** comienza en el año 1492.
- [ ] **b** termina en el año 1681.
- [ ] **c** aparece en la década entre 1960 y 1970.

**2.** Góngora y Quevedo...
- [ ] **a** tenían estilos literarios muy similares.
- [ ] **b** fueron poetas del Barroco.
- [ ] **c** tenían una bonita amistad.

**3.** En la obra de teatro *La vida es sueño*...
- [ ] **a** Segismundo sueña con ser rey.
- [ ] **b** Basilio es rey por un día.
- [ ] **c** Segismundo es engañado por su padre.

**4.** En la pintura del Siglo de Oro...
- [ ] **a** se pintaban muchos retratos.
- [ ] **b** las pinturas se hacían para los reyes.
- [ ] **c** no hubo muchos artistas importantes.

**5.** El *boom* de la novela hispanoamericana...
- [ ] **a** aparece en un momento política y socialmente complicado.
- [ ] **b** surge cuando libros de escritores latinoamericanos comienzan a hacerse famosos en Europa.
- [ ] **c** fue un acontecimiento únicamente social.

**6.** El realismo mágico...
- [ ] **a** presenta la ficción y lo real como elementos diferentes.
- [ ] **b** es un estilo literario.
- [ ] **c** trata temas religiosos.

vocabulario

**2** Completa el crucigrama con las palabras de la Lexiteca (p. 220).

**horizontal**
1. relacionado con la mitología *(adjetivo)*
2. relacionado con la religión *(adjetivo)*
3. artista que se dedica a pintar *(sustantivo)*
4. relacionado con la literatura *(adjetivo)*
5. fecha en la que se publica un libro *(sustantivo)*
6. parte alta del castillo que sirve para defenderlo *(sustantivo)*
7. citar algo en un escrito *(sustantivo)*

**vertical**

8. género de la novela *(sustantivo)*
9. persona aficionada a la lectura *(sustantivo)*
10. tipo de pintura en el que se representa una escena en la que únicamente aparecen flores o elementos de cocina *(sustantivo)*
11. personaje principal de una obra *(sustantivo)*
12. obra de un/a pintor/a *(sustantivo)*
13. sinónimo de famoso *(adjetivo)*
14. persona que se dedica a escribir poesía *(sustantivo)*

## Don Quijote de la Mancha

comprensión audiovisual
WES-112672-008

p. 276

**1** **a)** Para conocer el argumento de la novela *Don Quijote de la Mancha*, mira el siguiente vídeo desde el principio hasta el minuto 1:53. Contesta a las preguntas en pocas palabras.

1. ¿Cuál es el nombre real de Don Quijote de la Mancha?

   ______________________________

2. ¿Qué es lo que más le gusta hacer?

   ______________________________

3. ¿Qué le ocurre?

   ______________________________

4. ¿Qué cosas/objetos necesita para comenzar su aventura?

   una armadura, ______________________________

5. ¿Junto a quién realiza su aventura?

   ______________________________

6. ¿Qué promesa le hace?

   ______________________________

**b)** Ahora, mira el vídeo a partir del minuto 1:54 hasta el final y completa las frases.

1. Los "gigantes" a los que Don Quijote quiere matar en realidad son ______________.
2. Sancho está muy sorprendido porque ______________________________

   ______________________________

3. Don Quijote piensa que Sancho tiene ______________________ y por eso

   ______________________________

el subjuntivo

**2** Lee la reseña que aparece en un blog de literatura y completa el texto con los verbos en subjuntivo. Ojo con los tiempos verbales.

conocer • escribir • seguir • ser • sorprender • tener

Muchos seguidores y seguidoras del blog me pedisteis que (1) ______________ una reseña sobre el Quijote. Y es que puede que esta obra de Cervantes (2) ______________ una de las novelas más célebres de la literatura española y universal.
Es probable que muchos (3) ______________ la famosa frase con la que comienza la historia: "En un lugar de la Mancha de cuyo nombre no quiero acordarme…". Pero quizás os (4) ______________ si os digo que hasta ahora no había leído la novela.
Cuando mis padres eran jóvenes, el Quijote era un libro de lectura obligatoria en clase. Y por ese motivo no creo que mis padres (5) ______________ un buen recuerdo del libro, ya que muchos terminaban odiando esta novela. Aún así, ojalá (6) ______________ siendo una tarea de clase porque así mucha más gente conocería esta divertida historia.

→

conocer • creer • leer • ser

La novela cuenta las aventuras de Alonso Quijano, un hombre de 50 años que se vuelve loco, hasta el punto de creer que él mismo es un caballero medieval.

Lo que más me gusta de la novela es que aunque don Quijote no (7) ______ que esté loco, su nobleza y honor lo hacen único. Mi parte favorita es la escena en la que él y Sancho Panza se enfrentan a unos molinos de viento. Esta pelea contra un enemigo más poderoso ha creado la expresión "ser un quijote", que se utiliza para referirse a una persona que lucha por defender ideas y causas que considera justas a pesar de que (8) ______ difícil conseguirlas. Por esto y porque es una novela tan divertida e interesante, os recomiendo que la (9) ______ al menos una vez en vuestra vida porque creo que es importante que todos la (10) ______.

## *Las Meninas* de Diego Velázquez

vocabulario
los verbos *ser*, *estar* y *hay*

GR p. 259

**1** Mira el famoso cuadro de Diego Velázquez. Completa la descripción con las preposiciones de lugar y con las formas adecuadas de los verbos *ser*, *estar* o *hay*.

*Las Meninas*[1] de Velázquez es considerada una obra maestra de la Historia del Arte, por diferentes motivos. Uno de los más destacados es que en la misma pintura aparecen muchos personajes representados con diferentes técnicas.

Por ejemplo, (1) *a la izquierda* del cuadro vemos al propio Velázquez que se encuentra escondido (2) *detrás* de un lienzo[2] con un pincel en la mano.

[1] **la menina** das Hoffräulein
[2] **el lienzo** das (Öl)gemälde

(3) ______________________ del cuadro aparece la infanta[3] Margarita con un vestido blanco. Ella es la figura principal de la obra y está rodeada por sus damas de honor o meninas.

(4) ______________________ de Velázquez, y (5) ______________________ de la infanta Margarita (6) ______________________ la menina María Agustina Sarmiento. Ella está sosteniendo la mano de la infanta mientras le está hablando o le está contando algo.

(7) ______________________ de la infanta, vemos a otra de las meninas llamada Isabel de Velasco. Ella (8) ______________________ la más alta y parece que está mirando el cuadro que está pintando Velázquez. (9) ______________________ de ella, (10) ______________________ una mujer mayor con el pelo cubierto llamada Marcela de Ulloa. Ella era la responsable de cuidar de las niñas y en el cuadro parece estar hablando con el hombre que (11) ______________________ a su derecha, que era el mayordomo[4].

(12) ______________________ de la menina más alta, (13) ______________________ una enana[5] que se llamaba Mari Bárbola. Como curiosidad, (14) ______________________ alemana. En aquella época, los enanos eran bufones[6] de los reyes. Por eso, justo al lado de Mari Bárbola vemos a Nicolasito que parece un niño, pero (15) ______________ en realidad otro enano de origen italiano. Él está molestando con el pie al pobre perro que está descansando (16) ______________________ de Mari Bárbola.

Otra curiosidad es que en el centro, pero (17) ______________________ del cuadro, vemos a un hombre que se llamaba José Nieto, que era el aposentador[7] de la reina. Por eso está abriendo una puerta desde donde entra luz exterior que ilumina la sala.

Por último, (18) ______________________ de esta puerta, (19) ______________________ un espejo en el que aparece el reflejo del rey Felipe VI y Mariana de Austria.

[3] **el/la infante/a** *el príncipe/la princesa*
[4] **el mayordomo** der Hofmarschall
[5] **el/la enano/a** der/die Kleinwüchsige
[6] **el bufón/la bufona** der Hofnarr, die Hofnärrin
[7] **el aposentador** der Hofmarschall

expresión oral

**2** **a)** El cuadro *Las Meninas* es tan famoso que hay muchas representaciones de él. Mira las representaciones de Fernando Botero y de Salvador Dalí y compáralos con el original que ves en la página anterior.
**b)** Explica cuál de los tres cuadros prefieres y por qué.

Fernando Botero: Margarita (1977)

Salvador Dalí: Las Meninas (1960)

## ¿Un siglo de oro?

comprensión lectora

**1** a) Lee el artículo y relaciona los párrafos del texto con el tema del que se habla.

| | |
|---|---|
| **1.** líneas 1-8 | **A.** la pobreza en el Madrid del Siglo de Oro |
| **2.** líneas 10-17 | **B.** la opinión del autor sobre la época |
| **3.** líneas 18-29 | **C.** la situación política de España en esta época |
| **4.** líneas 30-37 | **D.** el trabajo de los autores A. Pasies y T. Cecilia |
| **5.** líneas 38-55 | **E.** la localización de bares y tabernas desde el Siglo de Oro hasta hoy |
| **6.** líneas 55-66 | **E.** la influencia de los autores y artistas que vivían en la capital |
| **7.** líneas 67-71 | **F.** los lugares de ocio, juegos y fiestas en Madrid |

b) Explica por qué Antonio Pasies prefiere el término "Siglo de Hojalata".

expresión escrita

p. 283

c) Redacta una carta al director y comenta el trabajo de Antonio Pasies y Teresa Cecila.

### El Madrid del Siglo de Oro que no te contaron en el colegio

*Por Abraham Rivera, El Confidencial, 13 de febrero de 2022*

Antonio Pasies y Teresa Cecilia tienen más de setenta años. Están jubilados. Sin embargo, siguen trabajando a destajo[1]. Lo hacen entre libros, legajos y antiguos archivos. Suyo es *La vida canalla en el Madrid del Siglo de Oro*, uno de los mejores ensayos de documentación que se han escrito recientemente. No solo por todo el valor que tienen las fuentes, sino también por la mirada que realizan. [...]

**Mucha suciedad y diversión**

Es evidente que la confluencia[2] de artistas y literatos en aquellos años influyó en cómo se ve aquella época hoy día. Lope de Vega, Quevedo, Góngora, los hermanos Calderón de la Barca, Ruiz de Alarcón, Tirso de Molina y muchos otros vivían en poco más de doscientos metros cuadrados. Se cruzaban, se enfrentaban y hasta se desahuciaban[3] como hizo Quevedo con Góngora en la antigua calle del Niño. "Si dejamos a los grandes autores literarios y a los artistas, España en aquella época iba camino del desastre", destaca Pasies, que llega a acuñar[4] el término Siglo de Hojalata[5].

"La expulsión de los moriscos[6], en nombre de la religión, provocó la despoblación y la desolación del país. Las luchas en Europa en defensa de los Austrias[7] y del catolicismo fue un derroche[8] de hombres y dinero. En América los problemas se acrecentaban día a día y, por si fuera poco, en la propia España, Cataluña, Portugal y hasta Andalucía querían separarse".

Y la capital no fue menos a este abandono. "Madrid era una ciudad cutre[9], fea y sucia, con mucha gente rayando la miseria aunque muy animada y vital", dice Pasies. Las calles de la ciudad [...] estaban repletas[10] de desperdicios y aguas sucias. Pasies apunta como la mayoría de casas no tienen retrete[11], por lo que las necesidades se hacían en patios, corrales o incluso la calle. [...]

La obra [*La vida canalla en el Madrid del Siglo de Oro*] también muestra los lugares de juego, en los que la gente iba a apostar[12] o simplemente a pasar el tiempo y donde se explica que era el barato, "que consiste en repartir una parte de las ganancias entre los que rodean al ganador, aun sin conocerlos"; o los espacios de sexo, Pasies escribe que "para poder entrar una joven en una mancebía[13] debía tener al menos doce años, no ser virgen, ser huérfana o abandonada por la familia".

**Más de 25 000 tabernas**

La obra recorre más de un siglo de una ciudad en perpetuo bullicio[14]: "Los corrales de comedias llenos, cuando no se corrían toros siempre había alguna verbena[15] donde comer, beber sin freno y bailar [...]". Y donde las tabernas, mesones, bodegas y posadas tuvieron una importancia vital para el disfrute del vino y la comida. Pasies localiza y registra más de 1700 tabernas en el siglo XVII, algunas de ellas es capaz de ubicarlas de manera aproximada en un plano de la época que aparece en el libro.

"Toda mi vida me la he pasado en tabernas. Desde 1985 me ha gustado inventariarlas[16] y buscarlas", apunta. Primero empezó con las que existían en el Madrid de los ochenta y poco a poco, documento a documento, periódico a periódico fue incorporando a un [documento] excel todas las que iba descubriendo. "Tengo catalogadas más de 25 000. No se me escapa ni una".

¿Qué saca en conclusión después de esta investigación? "Me ha impactado que todavía se recuerden esos años como el Siglo de Oro, cuando fue un desastre total, con reyes nefastos[17], un país arruinado y una ciudad muy sucia", finaliza Pasies.

---

[1] **trabajar a destajo** *(col.)* arbeiten wie ein Pferd
[2] **la confluencia** der Zusammenfluss
[3] **desahuciar** *hier:* sich vertreiben
[4] **acuñar** prägen
[5] **la hojalata** das Blech
[6] **los moriscos** *musulmanes convertidos al cristianismo*
[7] **los Austrias** die Habsburger
[8] **el derroche** die Vergeudung
[9] **cutre** schäbig
[10] **repleto/a de** vollgestopft mit
[11] **el retrete** die Toilette
[12] **apostar** wetten
[13] **la mancebía** das Freudenhaus
[14] **el bullicio** der Lärm
[15] **la verbena** *la feria*
[16] **inventariar** *aquí: contar*
[17] **nefasto/a** *terrible*

## Lo real y lo mágico

**1** a) Lee este microrrelato del autor guatemalteco Augusto Monterroso y haz suposiciones de qué podría haber pasado. Intercambiad vuestras ideas en clase.
b) Escribe tus ideas en un cuento corto. Antes de empezar, elige un tipo de narrador adecuado. Puedes ayudarte con la casilla de la página 233 del libro.
c) Intercambia tu texto con un/a compañero/a y dale un *feedback*.

**El dinosaurio**
*Por Augusto Monterroso*

Cuando despertó, el dinosaurio todavía estaba allí.

expresión escrita
p. 285

## Novelas famosas

**1** Escucha a los jóvenes Emma, Amanda y Mateo que hablan sobre sus libros favoritos y relaciona los elementos de cada tabla correctamente. Ojo: Hay dos frases (A-L) que no se usan. La primera respuesta (0) ya está hecha y sirve como modelo.

comprensión auditiva
WES-112672-008
p. 276

| 0 | 1 | 2 | 3 | 4 | 5 | 6 | 7 | 8 | 9 |
|---|---|---|---|---|---|---|---|---|---|
| D | | | | | | | | | |

| | |
|---|---|
| 0 | El libro favorito de Emma fue escrito por... |
| 1 | El libro favorito de Emma es... |
| 2 | *La Ciudad de las Bestias* trata de... |
| 3 | A Emma le gusta el libro porque... |
| 4 | Amanda habla de un libro de... |
| 5 | *El libro de arena* es... |
| 6 | A Amanda le gusta el libro porque... |
| 7 | *La ciudad y los perros* es de... |
| 8 | El libro favorito de Mateo trata del... |
| 9 | A Mateo le gusta el libro porque... |

| | |
|---|---|
| A | es una historia original. |
| B | *bullying* en las escuelas. |
| C | una colección de cuentos. |
| D | Isabel Allende. |
| E | un cómic. |
| F | una trilogía. |
| G | hay descripciones bonitas y magia. |
| H | Mario Vargas Llosa. |
| I | una expedición por la selva del Amazonas. |
| J | un viaje en barco. |
| K | trata de un tema importante y actual. |
| L | Jorge Luis Borges. |

**2** Vuelve a leer los fragmentos de la página 231 del libro y marca con una cruz las frases correctas.

comprensión lectora

1. Texto 1: Pedro Páramo prometió a su madre...
   - ☐ **a** que iba al pueblo de su padre para conocerlo.
   - ☐ **b** que iba a buscar a su familia.
   - ☐ **c** que nunca iba a buscar a su padre.

2. Texto 2: José Arcadio Buendía...
   - ☐ **a** organizó el interior de las casas de la aldea.
   - ☐ **b** construyó un sistema de agua para las casas de la aldea.
   - ☐ **c** dispuso de manera ordenada las casas para que a todas les diera el sol.

3. Texto 2: En la aldea...
   - ☐ **a** todo el mundo estaba nervioso.
   - ☐ **b** había muchas personas mayores de 30 años.
   - ☐ **c** todo el mundo seguía vivo.

4. Texto 3: Cuando nació Rosa...
   - ☐ **a** se veía como otro bebé cualquiera.
   - ☐ **b** la gente pensaba que era un ángel.
   - ☐ **c** la abuela se alegró mucho de tener una nieta.

expresión oral
p. 280

**3** Elige tu libro favorito y realiza una pequeña presentación sobre este en clase. Habla sobre los siguientes temas:

- el año de publicación y lugar
- el/la autor/a
- el argumento principal
- los personajes principales
- los idiomas a los que ha sido traducido
- las copias vendidas
- los premios
- adaptación al cine/al teatro/a la tele

## Escritores famosos

comprensión auditiva
WES-112672-008
p. 276

**1** **a)** Penélope y Lucas, dos presentadores, van a hablar en su programa de hoy sobre el escritor colombiano Gabriel García Márquez. Escucha el programa de radio y marca con una cruz quién habla sobre estos temas.

| | **Penélope** | **Lucas** |
|---|---|---|
| **1.** A García Márquez le gustaba mucho el territorio del Caribe. | | |
| **2.** García Márquez comenzó a leer obras de escritores internacionales. | | |
| **3.** El escritor vivió en la Ciudad de México la mayor parte de su vida. | | |
| **4.** La mayoría de las editoriales no creyeron en el talento del escritor. | | |
| **5.** Al escritor le concedieron el Premio Nobel de Literatura. | | |
| **6.** García Márquez fue el mayor exponente del realismo mágico. | | |

**b)** Escucha el programa otra vez y escribe la información o el año que falta.

1927: ______

1947: ______

______: consiguió que una editorial argentina publicara su libro *Cien años de soledad*

______: salió su primer libro *La Hojarasca*

1958: ______

______: se publicó su obra *Crónica de una muerte anunciada*

______: recibió el Premio Nobel de Literatura

1989: ______

2014: ______

comprensión lectora

**2** **a)** Lee el texto de la página siguiente y relaciona los títulos con los párrafos correspondientes.

¿De qué trata Macondo? • ¿Cuál es la novela en la que se inspira Macondo? • ¿Cuándo se estrena Macondo? • La idea detrás de Macondo

**b)** Contesta a las preguntas.

**1.** ¿Ha sido fácil comenzar con el proyecto? ¿Por qué (no)?

______

**2.** ¿Por qué es importante la obra *Cien años de soledad*?

______

**3.** ¿De qué temas trata la obra?

______

## Macondo, la serie basada en *Cien años de soledad*

*Por Esteban Villaseñor, Vogue México, 25 de octubre de 2022*

(1)________________________

Existen lugares ficticios[1] en nuestro consciente colectivo[2], y luego está Macondo. Macondo es de esos sitios que apelan[3] a la inventiva[4], al paradigma del realismo mágico y a la aventura en la literatura que nos dejó y ha hecho imaginar durante tantos años el escritor colombiano, Gabriel García Márquez. Sitios como Macondo o Comala (aunque este sí es real), han marcado la literatura latinoamericana durante décadas y nos han invitado a sumergirnos[5] en sus trepidantes[6] historias, siempre dotadas de ese misticismo tan característico de los escritores de la zona.
Ahora, en esta primera adaptación de *Cien años de soledad*, Macondo llega al *streaming* en formato serie, para representar (o intentar representar) lo que logró con sus letras y relatos el gran escritor colombiano [...].

(2)________________________

Es pronto para hablar de fechas específicas. A decir verdad, Macondo ha recorrido un trayecto[7] muy largo para llegar hasta donde estamos ahora, a más de tres años de llegar a un acuerdo con la familia García Márquez sobre los derechos de la obra, la producción se ha tomado el tiempo necesario para hacer una digna[8] representación como la primera obra audiovisual basada en la gran novela colombiana. Por lo que, muy probablemente, no la veamos hasta 2024.

(3)________________________

La sinopsis oficial de la serie [...] no se ha dado a conocer aún. Pero, sabiendo que se basa en la exitosa novela de *Cien años de soledad*, podemos asumir que nos trasladará a Macondo, para narrar la historia, a lo largo de siete generaciones, de la familia Buendía. Comenzando por la vida de José Arcadio Buendía, quien se convierte en el fundador del mítico pueblo ficticio de Macondo, la historia habla de la vida de la familia y cómo cambian los personajes a su alrededor. Tomando, por supuesto, al pueblo como un personaje más y parte fundamental del desarrollo de esta obra, insignia[9] del realismo mágico latinoamericano.

(4)________________________

La importancia literaria de *Cien años de soledad* es innegable. La novela en la que se basa *Macondo*, es considerada como una de las grandes obras, u 'obra maestra', de la literatura hispanoamericana, ha sido catalogada como una de las obras más importantes de la lengua castellana por el Congreso Internacional de la Lengua Española y es parte de la lista de 100 mejores novelas en español del siglo XX. No obstante, su trayectoria e importancia no queda solo en el plano hispanoparlante, *Cien años de soledad*, está incluida como uno de los 100 libros del siglo XX por el diario *Le Monde*.
La novela escrita por Gabriel García Márquez, fue publicada en 1967 en Buenos Aires y sus referencias a la religión, el incesto, el realismo mágico y a la propia soledad, además de su misma escénica narrativa, han hecho de *Cien años de soledad* una obra vanagloriada[10] en cuanto a ser uno de los máximos referentes del boom latinoamericano, e incluso ser parte fundamental de las obras que le otorgaron, en 1982, el premio Nobel de Literatura a Gabriel García Márquez.

Un grafiti en honor a García Márquez

[1] **ficticio/a** fiktiv, erfunden
[2] **el consciente colectivo** das kollektive Bewusstsein
[3] **apelar a** sich berufen auf
[4] **la inventiva** die Erfindungsgabe
[5] **sumergir** eintauchen
[6] **trepidante** spannungsreich
[7] **el trayecto** *la ruta*
[8] **digno/a** würdig
[9] **la insignia** das Abzeichen
[10] **vanagloriado/a** *célebre*

**3** ¿Crees que es una buena idea que las grandes obras de la literatura universal se adapten en forma de película o de serie? ¿Por qué (no)? Escribe un comentario para un blog de literatura en el que puedes nombrar también otros ejemplos.

expresión escrita

p. 284

comprensión lectora

**4** **a)** A continuación vas a leer un fragmento de una entrevista realizada a la autora Isabel Allende publicada en su página web. Lee las frases 1-6 y escribe las líneas en las que encuentras la información.

| | líneas |
|---|---|
| **1.** Una novela puede ayudar a comprender mejor la realidad, aunque cuente mentiras. | |
| **2.** El/La autor/a siempre toma una perspectiva determinada y elige lo que quiere contar. | |
| **3.** El trabajo de Isabel Allende no se parece al de un/a periodista. | |
| **4.** De joven Isabel Allende podía leer las grandes novelas latinoamericanas. | |
| **5.** El realismo mágico no siempre juega un rol fundamental en las obras de Allende. | |
| **6.** Para ella la mejor forma de escribir es mezclar sueños y emociones con el día a día. | |

**b)** Elige una de las dos citas marcadas y coméntala.

**¿Podrías explayarte[1] más sobre lo que has dicho sobre escribir ficción para contar una verdad, cómo utilizando mentiras se puede llegar al fondo de una realidad?**

Tomemos por ejemplo una guerra. Pueden haber millones de artículos de prensa, fotos, testimonios, etc. sobre esa guerra, que nos informan, pero una buena obra de ficción, como *Por Quien Doblan las Campanas*, de Hemingway, o *La Guerra y La Paz*, de Tolstoy, puede sintetizarla[2] y hacernos participar en los hechos, nos muestra la esencia, la verdad. La novela es ficción, un atado[3] de mentiras, pero en una buena novela esas mentiras reflejan una realidad.

La primera "mentira" respecto a la ficción es que el autor cuenta los hechos desde su perspectiva y los ordena, ya sea cronológicamente y en otra forma, selecciona una parte del todo, decide qué es importante y el resto lo omite[4]. La realidad no es así, vivimos en el caos y sin mucho control, pero para comprender la vida tenemos que ordenarla. Al escribir, al contar, uno hace la vida más comprensible.

Como escritora acepto que la ficción es una forma de mentira, eso me libera, me permite hacer casi cualquier cosa, lo que no puede hacer un cronista o un periodista, por ejemplo. Al crear una historia me parece que camino en círculos y cuanto más grande sea el círculo, más abarco[5] y más posibilidades tengo de encontrar partículas de la verdad.

**¿Qué escritores te han influenciado más?**

Pertenezco a la primera generación de escritores latinoamericanos que se criaron leyendo otros escritores latinoamericanos. Antes de mi generación las obras de los autores latinoamericanos no habían sido bien distribuidas. En Chile, por ejemplo, era muy difícil leer a otros escritores de América Latina. Mis influencias más importantes han sido todos los grandes escritores del boom de la literatura Latinoamérica: García Márquez, Vargas Llosa, Cortázar, Borges, Paz, Rulfo, Amado, etc. [...]

**Los críticos definen el estilo de tu escritura como "realismo mágico". ¿Has escrito todos tus libros con este género[6]?**

Creo que el realismo mágico no es como sal y pimienta que se puede usar en todos los platos. No me ajusto[7] a una fórmula. El realismo mágico, tan obvio en *La Casa de los Espíritus*, no figura en mi segundo libro, *De Amor y de Sombra* que tiene el tono de una crónica periodística. Tampoco hay mucho realismo mágico en *El plan Infinito, Afrodita, Hija de la Fortuna* o *Retrato en Sepia*, y varias otras novelas, pero hay bastante en *La Ciudad de las Bestias* y el resto de la trilogía juvenil, donde reemplaza[8] la fantasía, que es la marca de la literatura juvenil.

A veces, el realismo mágico funciona, y a veces no. De todas formas, se encuentran elementos del realismo mágico en la literatura de todo el mundo, no solo en América Latina: en las sagas escandinavas, en la poesía africana, en la literatura de la India (incluso escrita en inglés), en la americana escrita por las minorías étnicas. Escritores como Salman Rushdie, Toni Morrison, Barbara Kingsolver, Amy Tan, Alice Hoffman y muchos otros usan este estilo.

Durante un tiempo, en los EE. UU. y Europa, prevaleció[9] un enfoque[10] puramente lógico y práctico en la literatura, pero no duró mucho, porque la vida está llena de misterio y tal vez el objetivo de la literatura es explorar esos misterios. Cuando permites que sueños, emociones, visiones y premoniciones[11] entren a tu vida cotidiana y en tu trabajo como escritor, la realidad parece expandirse.

**Empiezas a escribir todos tus libros los 8 de enero. ¿Por qué?**

El 8 de enero de 1981 estaba viviendo en Venezuela y recibí una llamada telefónica diciendo que mi querido abuelo se estaba muriendo en Chile. Empecé una carta para él, que más tarde se convirtió, en mi primera novela, *La Casa de los Espíritus*. Fue un libro tan afortunado, que decidí mantener esa fecha para empezar mis otros libros, para llamar a la suerte.

[1] **explayarse** *aquí:* contar
[2] **sintetizar** *resumir*
[3] **un atado** ein Bündel
[4] **omitir** auslassen
[5] **abarcar** *hier:* abdecken
[6] **el género** die Gattung
[7] **ajustar** anpassen
[8] **reemplazar** ersetzen
[9] **prevalecer** überwiegen
[10] **el enfoque** das Konzept
[11] **la premonición** die Vorahnung

## ¿Un muchacho normal?

**1** Lee el cuento de Mario Benedetti y resúmelo brevemente sin entrar en detalles. comprensión lectora

**2** Analiza la relación de Armando con su Otro Yo comparando el uno con el otro. ¿Cómo le hace sentir? ¿Qué ocurre al final?

**3** Explica por qué *El Otro Yo* es un cuento típico del realismo mágico. expresión escrita

### El Otro Yo

*Por Mario Benedetti*

Se trataba de un muchacho corriente[1]: en los pantalones se le formaban rodilleras, leía historietas, hacía ruido cuando comía, se metía los dedos a la nariz, roncaba[2] en la siesta, se llamaba Armando Corriente en todo menos en una cosa: tenía Otro Yo.

El Otro Yo usaba cierta poesía en la mirada, se enamoraba de las actrices, mentía cautelosamente[3], se emocionaba en los atardeceres. Al muchacho le preocupaba mucho su Otro Yo y le hacía sentirse incómodo frente a sus amigos. Por otra parte el Otro Yo era melancólico, y debido a ello, Armando no podía ser tan vulgar[4] como era su deseo.

Una tarde Armando llegó cansado del trabajo, se quitó los zapatos, movió lentamente los dedos de los pies y encendió la radio. En la radio estaba Mozart, pero el muchacho se durmió. Cuando despertó el Otro Yo lloraba con desconsuelo[5]. En el primer momento, el muchacho no supo qué hacer, pero después se rehizo e insultó concienzudamente[6] al Otro Yo. Este no dijo nada, pero a la mañana siguiente se había suicidado.

Al principio la muerte del Otro Yo fue un rudo golpe para el pobre Armando, pero enseguida pensó que ahora sí podría ser enteramente vulgar. Ese pensamiento lo reconfortó.

Solo llevaba cinco días de luto[7], cuando salió a la calle con el propósito de lucir su nueva y completa vulgaridad. Desde lejos vio que se acercaban sus amigos. Eso le lleno de felicidad e inmediatamente estalló en risotadas[8]. Sin embargo, cuando pasaron junto a él, ellos no notaron su presencia. Para peor de males, el muchacho alcanzó a escuchar que comentaban: «Pobre Armando. Y pensar que parecía tan fuerte y saludable».

El muchacho no tuvo más remedio[9] que dejar de reír y, al mismo tiempo, sintió a la altura del esternón[10] un ahogo[11] que se parecía bastante a la nostalgia. Pero no pudo sentir auténtica melancolía, porque toda la melancolía se la había llevado el Otro Yo.

1 **corriente** *normal*
2 **roncar** schnarchen
3 **cauteloso/a** *con cuidado*
4 **vulgar** gewöhnlich
5 **el desconsuelo** die Trostlosigkeit
6 **concienzudo/a** gewissenhaft
7 **el luto** die Trauer
8 **la risotada** das Gelächter
9 **tener más remedio** keine andere Wahl haben
10 **el esternón** das Brustbein
11 **el ahogo** die Beklemmung

El país y la gente

**Mario Benedetti** (1920-2009) fue un periodista, escritor y poeta uruguayo.
A lo largo de su vida escribió más de 80 obras distintas, como novelas, cuentos o poemas, que fueron traducidas a más de 20 idiomas.
Entre sus obras más famosas se encuentran *La Tregua, El País de la Canción* o *El amor, las mujeres y la vida.*

# Fuentes

## Texte

10 Azahara R. Pérez: Periodistas refugiados: historias desde el otro lado. Madrid: Público 21.06.2021. https://blogs.publico.es/conmde (Zugriff: 16.03.2023)
12 María José Llergo Sánchez: Te espera el mar. Rechte beim Urheber.
13 ¿Qué hacer con las millones de baterías eléctricas que ya no funcionen? Sunnyvale, California, U.S.: Yahoo Noticias 23.05.2022. https://es-us.noticias.yahoo.com (Zugriff: 16.03.2023)
14-15 Sophia Boddenberg: Chile: Explotación de litio deja sin agua a pobladores. Bonn: Deutsche Welle 27.01.2020. https://p.dw.com/p/3WsYe (Zugriff: 16.03.2023)
16 Frank Schätzing: Was, wenn wir einfach die Welt retten? Köln: Kiepenheuer & Witsch 2022, S. 329-332.
17 DJ Sosa, MC Rico y MC Conta-mina González: DCRECE, el rap del decrecimiento. Rechte bei den Urhebern.
19 EFE: Niños trabajadores de América Latina rechazan erradicar el trabajo infantil. Medellín: El Colombiano 03.03.2015. www.elcolombiano.com (Zugriff: 16.03.2023)
20 Manuel Carbajo Bueno y Javier Ruescas: Electro. Barcelona: Edebé 2015.
23 Stephan und Andreas Lebert: „Die junge Generation ist so zerrissen wie nie". Hamburg: Die ZEIT 26.11.2022. www.zeit.de/wissen/zeit-wissen (Zugriff: 16.03.2023)
24 Jaime Gutiérrez, alcalde más joven de Castilla-La Mancha. Tomelloso: La Voz de Tomelloso 27.05.2019. https://lavozdetomelloso.com (Zugriff: 16.03.2023)
25 Miss Raisa: Una niña. Rechte beim Urheber.
26 Idoia Ugarte: La escalofriante historia de Miss Raisa. Madrid: El País 05.11.2022. https://elpais.com (Zugriff: 16.03.2023)
27 Real Academia Española: "adolescencia". Diccionario de la lengua española. Madrid: Real Academia Española. https://dle.rae.es (Zugriff: 16.03.2023)
37 Darknet: qué es y cómo se accede a ella. Madrid: Red Seguridad 26.04.2021. https://www.redseguridad.com (Zugriff: 16.03.2023)
41 Gemma Pasqual i Escrivà: Like. Azul. Madrid: Fandom Books 2020, S. 14-18.
43 Pat Binder & Dr. Gerhard Haupt: Teotihuacan. Berlin: Universes in Universe 24.12.2022. https://universes.art/es (Zugriff: 16.03.2023)
44-45 Wer eroberte Tenochtitlan? Hamburg: Tagesschau. www.tagesschau.de (Zugriff: 01.12.2022)
48 Julieta Venegas Percevault, Jorge Villamizar: Mis muertos. Lolein Music/Jorge Villamizar's Songs/Sony/ATV Music Publishing (Germany) GmbH, Berlin
50-51 Eileen Truax: Las manos de México que mueven EE. UU. Madrid: elDiario 05.01.2022. www.eldiario.es (Zugriff: 16.03.2023)
54 Valeria Luiselli: Los niños perdidos (Un ensayo en cuarenta preguntas). Ciudad de México: Editorial Sexto Piso 2016.
60 Daniel Díaz Mayorga: Emiliana Claraco. Genf: UNHCR ACNUR - La agencia de la ONU para los refugiados. www.acnur.org/exilioespanol (Zugriff: 01.02.2023)
63 Almudena Grandes: El lector de Julio Verne. Madrid: Tusquets Editores 2014, S. 12-14.
64-65 Laura Freixas: La muerte de Franco: un recuerdo personal. Madrid: Letras libres 31.01.2006. https://letraslibres.com (Zugriff: 16.03.2023)
67 Wie Stolpersteine an Opfer des Nationalsozialismus erinnern. Hamburg: Norddeutscher Rundfunk 30.11.2022. www.ndr.de (Zugriff: 16.03.2023)
70 Berta Tena: ¿Es España el país más feminista del mundo? Madrid: El Confidencial 08.03.2019. www.elconfidencial.com (Zugriff: 16.03.2023)
74 Marion Kaufmann: Minderheitenschutz: Eltern kämpfen für Sorbischunterricht. Berlin: Der Tagesspiegel 15.02.2018. www.tagesspiegel.de (Zugriff: 16.03.2023)
75-76 Laia Vicens: El catalán que (no) hablan los jóvenes. Barcelona: Diario ARA 23.01.2021. https://es.ara.cat (Zugriff: 16.03.2023)
80 Sierra Morena, el mirador ecoturístico del lince ibérico. Madrid: Ecoturismo 25.01.2022. https://ecoturismo.com (Zugriff: 16.03.2023)
83-84 Antonio Skármeta: La composición. Madrid: Ediciones Ekaré/SM 2014.
85 Ismael Serrano Morón: A las madres de mayo. Trak S A Unipersonal Universal Music Publishing GmbH, Berlin
86 Susanne Spröer: Künstler nach der Flucht: Der Schriftsteller Antonio Skármeta aus Chile. Bonn: Deutsche Welle 18.12.2017. https://p.dw.com/p/2nldQ (Zugriff: 16.03.2023)
87 Antonio Skármeta: El cartero de Neruda (Ardiente paciencia). Barcelona: Debolsillo 2003, S. 80-82.
89 Las Tesis: Un violador en tu camino. Rechte bei den Urhebern.
90 Chocolate Remix: Ni una menos. Rechte beim Urheber.
91 Yaco feat. Proyecto Jirondai: Canción indígena. Rechte beim Urheber.
92 Natalia Messer: El hiphop mapuche se enfoca en la crítica social en Chile. Bonn: Deutsche Welle 21.01.2021. https://p.dw.com/p/3oEs8 (Zugriff: 16.03.2023)
93 Paz García Pastormerlo: En los últimos meses recrudecieron los conflictos violentos con los mapuches. Buenos Aires: La Nación 16.10.2021. www.lanacion.com.ar (Zugriff: 16.03.2023)
98 Abraham Rivera: El Madrid del Siglo de Oro que no te contaron en el colegio. Madrid: El Confidencial 13.02.2022. www.elconfidencial.com (Zugriff: 16.03.2023)
99 Augusto Monterroso: El dinosaurio. En: El paraíso imperfecto. Barcelona: Debolsillo 2013.
101 Esteban Villaseñor: Macondo, la serie basada en Cien años de soledad. Ciudad de México: Vogue 25.10.2022. www.vogue.mx (Zugriff: 16.03.2023)
102 Interview mit Isabel Allende. www.isabelallende.com/es (Zugriff: 16.03.2023)
103 Mario Benedetti: El Otro Yo. En: La muerte y otras sorpresas. Barcelona: Alfaguara 1968.

## Bilder

|akg-images GmbH, Berlin: Botero, Fernando 97.1; Lessing, Erich / © Succession Picasso / VG Bild-Kunst, Bonn 2023 59.1; Martin, Joseph 96.1. |Alamy Stock Photo, Abingdon/Oxfordshire: BIOSPHOTO 80.1, 80.3; CPA Media Pte Ltd 58.2, 58.5, 58.6; dbtravel/ © Banco de México Diego Rivera Frida Kahlo Museums Trust / VG Bild-Kunst, Bonn 2023 49.1; EyeEm 79.1; FSO 102.1; Gonzalez, Oscar/WENN Rights Ltd 12.1; Heritage Image Partnership Ltd 56.1, 58.4; imageBROKER 18.1; JJs 62.1, 62.2; joseph s giacalone 51.1, 51.2; JUAN CARLOS MUNOZ 80.2; Photo 12 66.1; Pictorial Press Ltd 58.1, 58.3; Roger Cracknell 01/classic 7.2, 101.1; Sabbadini, Andrea 86.1; SOPA Images Limited 75.1; Thrasher , Craig Steven 51.3; WENN Rights Ltd 48.1; ZUMA Press, Inc. 90.1. |Alamy Stock Photo (RMB), Abingdon/Oxfordshire: Moller, Sibylle A. 67.1. |Astiberri Ediciones - ASTISENDO GRUPO EDITORIAL S.L., Ugao-Miraballes (Bizkaia): Asylum, s. 44 © 2015, 2017 Javier de Isusi. Published by agreement with Astiberri Ediciones 9.1. |CAMINITO s.a.s. Literary Agency, Cesano Maderno (MB): © 2023, sucesores de Joaquín S. Lavado (Quino) 82.1. |FARO www.e-faro.info, Vila-seca / Tarragona: 30.1, 30.2. |Fundación FAD Juventud, Madrid: 27.1. |Fundación Secretariado Gitano, Madrid: 78.1, 78.2. |Getty Images, München: Europa Press News 3.2, 28.1; Moro, Sofia 103.1. |Globe Cartoon, Geneva: © Chappatte in International Herald Tribune 15.1. |Grupo Anaya, S.A., Madrid: Fandom Books, "Like.Azul", Gemma Pasqual Escrivà 41.1. |Grupo Planeta - División de Liberías, Barcelona: Lunwerg Editores 26.1; © Fernández-Arango, Claudia 26.2. |iStockphoto.com, Calgary: Andronov, Leonid 4.2, 43.2; Antonio 68.1; artenex 99.1; Barna Tanko 43.1; Calleja Lopez, Marc Titel; DavidCallan 68.2; Eliza Snow 77.2; Gogadicta 46.2; Hildebrandt, Maike 3.1, 8.1; Ivan Malagon Fernandez 43.3; JJFarquitectos 39.1; Lalocracio 5.1, 62.3; Malchev 7.1, 95.1; nensuria 5.2, 68.4; Photo Beto 54.1; Rex_Wholster 50.1; SolStock 18.3; tupungato 69.1; Vladone 46.1; wat Titel; WHPics 79.4. |mauritius images GmbH, Mittenwald: Goodno, Scott 18.4; Riemersma, Feije 18.2. |Ministerio de Cultura y Deporte, Madrid: 61.1. |Picture-Alliance GmbH, Frankfurt a.M.: dpa/Luna, Daniel 85.2; Henning Kaiser/dpa 4.1, 38.1; Imago/Votava 64.1; NurPhoto / Sotelo, Gabriel 6.2, 85.1; Riedl, Annette 37.1. |Santos, Rubén Rial, Vimianzo: 33.1. |Shutterstock.com, New York: Ali Ender Birer 16.1; BearFotos 72.3; CARSIL 79.3; Everett Historical 32.1; jclucas 89.1; Khmelnytskyi, Bogdan 10.1; Sergiocerverafotografo 70.1; Tatyana Vyc 5.3, 72.2; Vladimir Hodac 72.1; VteSuarez 6.1, 80.4. |stock.adobe.com, Dublin: arasperna 34.1; Hartmut Rauhut 74.1; Hofacker, Brent 4.3, 52.1; joserpizarro 77.1; Kit Leong 45.1; Kristian 6.3, 91.1; Margarita 35.1; Mjucha 79.2; Nain Leon/Wirestock 52.2; paul_brighton 68.3; Thomas Söllner fotodesign 17.1; VEOy.com 24.1; whitedesk 22.1. |VG BILD-KUNST, Bonn: 97.2.